# Die Uhr lesen lernen

## Der Uhrzeittrainer

14. Auflage 2026



Inhalt: Tim Schrödel
Coverbilder: © Serhiy Kobyakov, contrastwerkstatt & pico - AdobeStock.com
Cliparts: © pico - fotolia.com & clipart.com
Redaktion: Kohl-Verlag
Grafik & Satz: Kohl-Verlag
Druck: Farbo prepress GmbH, Köln

**Bestell-Nr. 11 508**

**ISBN: 978-3-95513-847-9**

AF703563



Kontakt: Kohl-Verlag, An der Brennerei 37-45, 50170 Kerpen
Tel: +49 2275 331610, Mail: info@kohlverlag.de

## Unsere Lizenzmodelle

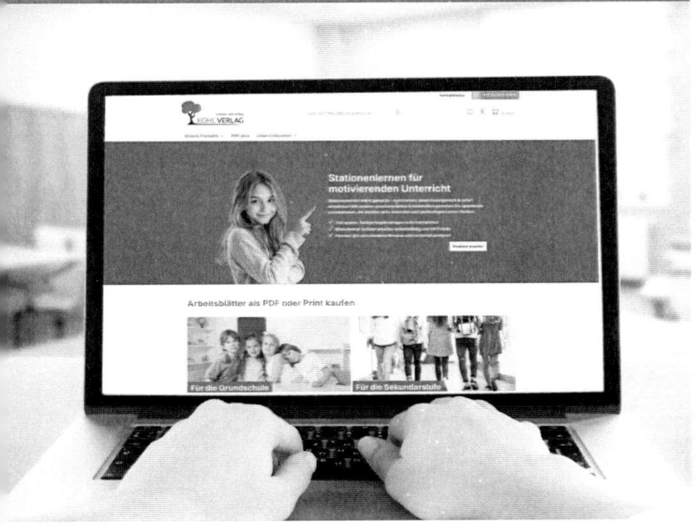


### Der vorliegende Band ist eine Print-Einzellizenz

Sie wollen unsere Kopiervorlagen auch digital nutzen? Kein Problem – fast das gesamte KOHL-Sortiment ist auch sofort als PDF-Download erhältlich! Wir haben verschiedene Lizenzmodelle zur Auswahl:

| | Print-Version | PDF-Einzellizenz | PDF-Schullizenz | Kombipaket Print & PDF-Einzellizenz | Kombipaket Print & PDF-Schullizenz |
|---|---|---|---|---|---|
| Unbefristete Nutzung der Materialien | x | x | x | x | x |
| Vervielfältigung, Weitergabe und Einsatz der Materialien im eigenen Unterricht | x | x | x | x | x |
| Nutzung der Materialien durch alle Lehrkräfte des Kollegiums an der lizensierten Schule | | | x | | x |
| Einstellen des Materials im Intranet oder Schulserver der Institution | | | x | | x |

Die erweiterten Lizenzmodelle zu diesem Titel sind jederzeit im Online-Shop unter www.kohlverlag.de erhältlich.

# Inhalt



DIE UHR KENNEN LERNEN

# Vorwort & Anleitung

Liebe Kolleginnen und Kollegen,

die Uhr lesen zu lernen ist eine großer Herausforderung vor allem für die Kleinen. Die Vorstellung von einer Uhr haben nur wenige Kinder, auch das Uhren lesen bereitet den meisten große Schwierigkeiten. Hier sind viel Geduld und Übungszeit erforderlich.

Dieser Band bietet Ihnen die Möglichkeit, die Uhr Schritt für Schritt einzuführen. Mit gezielten Übungen und zahlreichen Merkkästen können Sie einzelne Bereiche erarbeiten und vertiefen.

Im 6. Kapitel „Wir lernen die Uhr kennen" werden die Einheiten (volle Stunden, halbe Stunden, Viertelstunden, Minuten, Sekunden) jeweils separat erarbeitet und mit gezielten Aufgaben gefestigt.

Für ein Aufgreifen der Regeln können Sie die Merkkästen einfach vergrößern und auf einem Lernplakat visualisieren.

Mit verschiedenen Spielen – meist in jedem Kapitel – werden die bereits erworbenen Kenntnisse auf spielerische Weise vertieft.

Mit der Zeit rechnen und den Sachaufgaben zur Zeit werden „Uhren- & Zeitbegriff" der Kinder erweitert. Zur Differenzierung können Sie diese Kapitel auch nur den Kindern anbieten, die bereits die Uhr lesen können.

Viel Freude und Erfolg beim Einsatz der vorliegenen Kopiervorlagen wünschen Ihnen der Kohl-Verlag und

**Tim Schrödel**

# 1 Deine Uhr

**Aufgabe:**

- *Schneide das Ziffernblatt aus und klebe es auf Pappe.*
- *Bemale oder beklebe deine Uhr.*
- *Schneide die Zeiger aus und klebe sie auf Pappe.*
- *Bohre vorsichtig ein Loch durch die Zeiger und die Mitte des Ziffernblattes.*
- *Befestige die Zeiger mit einer Prospektklammer in der Mitte.*

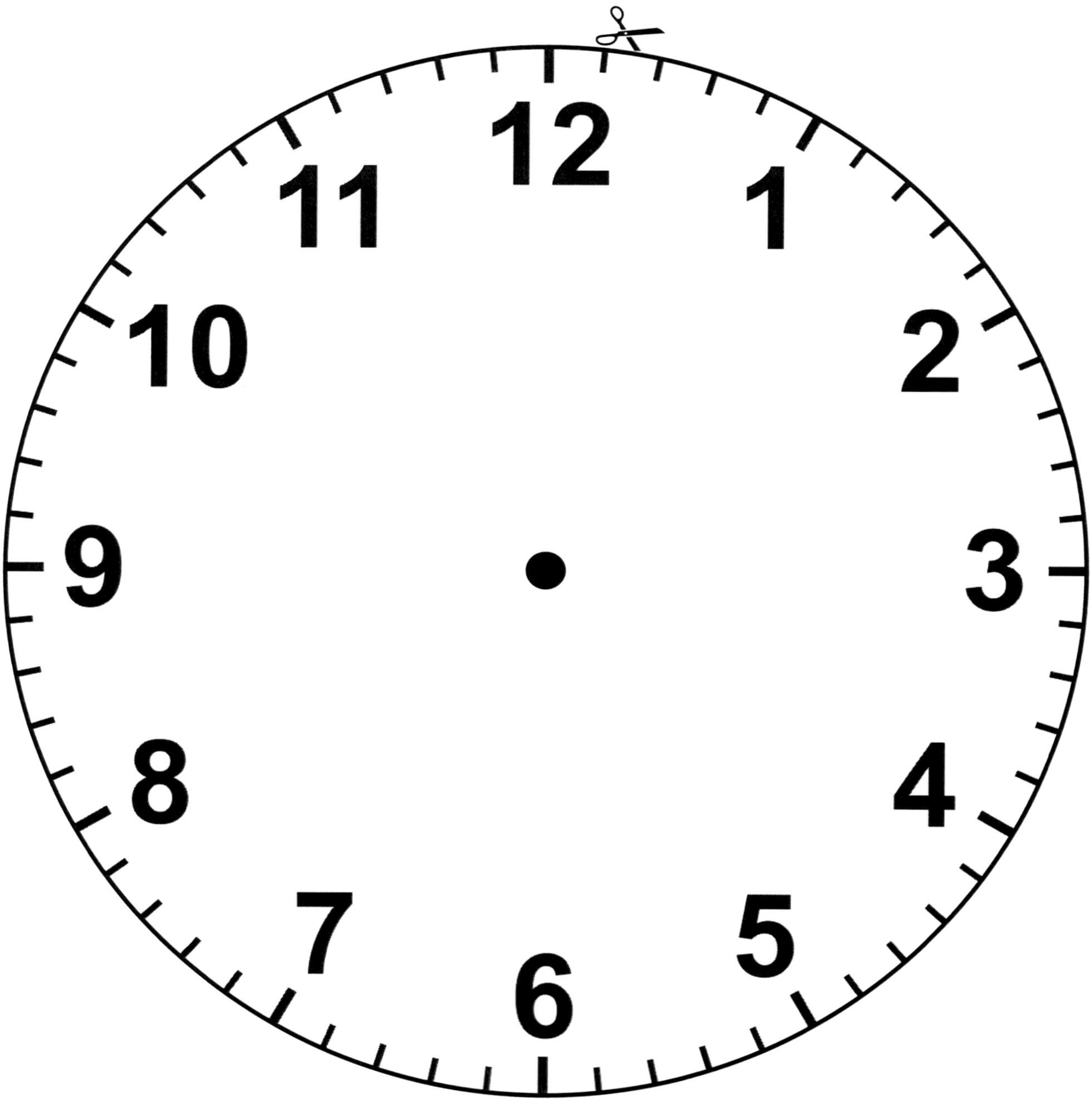


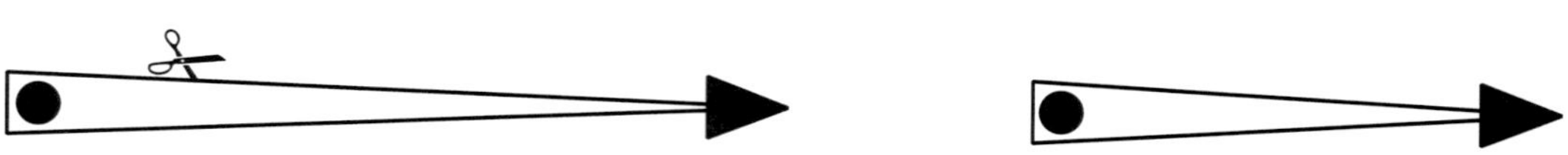

# 2 Verschiedene Uhren kennen lernen

<u>Aufgabe</u>: *Schneide die Kärtchen unten aus und klebe den passenden Namen zur richtigen Uhr.*

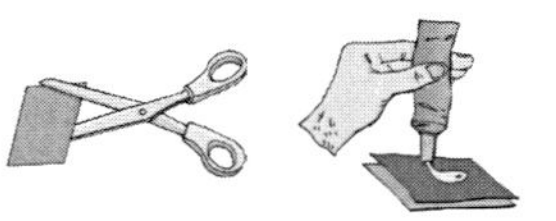

A

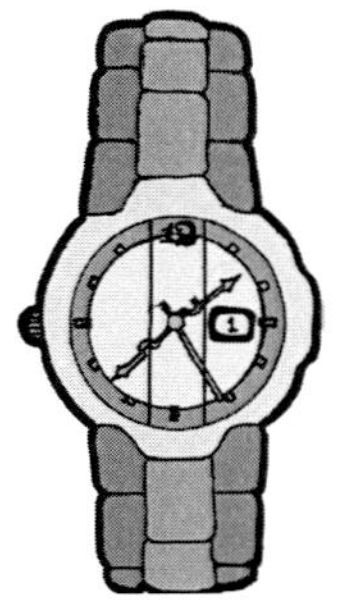
B

C

D

E

F

G

H

I

J

K

L

| | | | |
|---|---|---|---|
| Taschenuhr | Eieruhr | Sanduhr | Turmuhr |
| Armbanduhr | Wecker | Kuckucksuhr | Stoppuhr |
| Pendeluhr | Standuhr | Sonnenuhr | Radiowecker |

# 3 Die Uhr

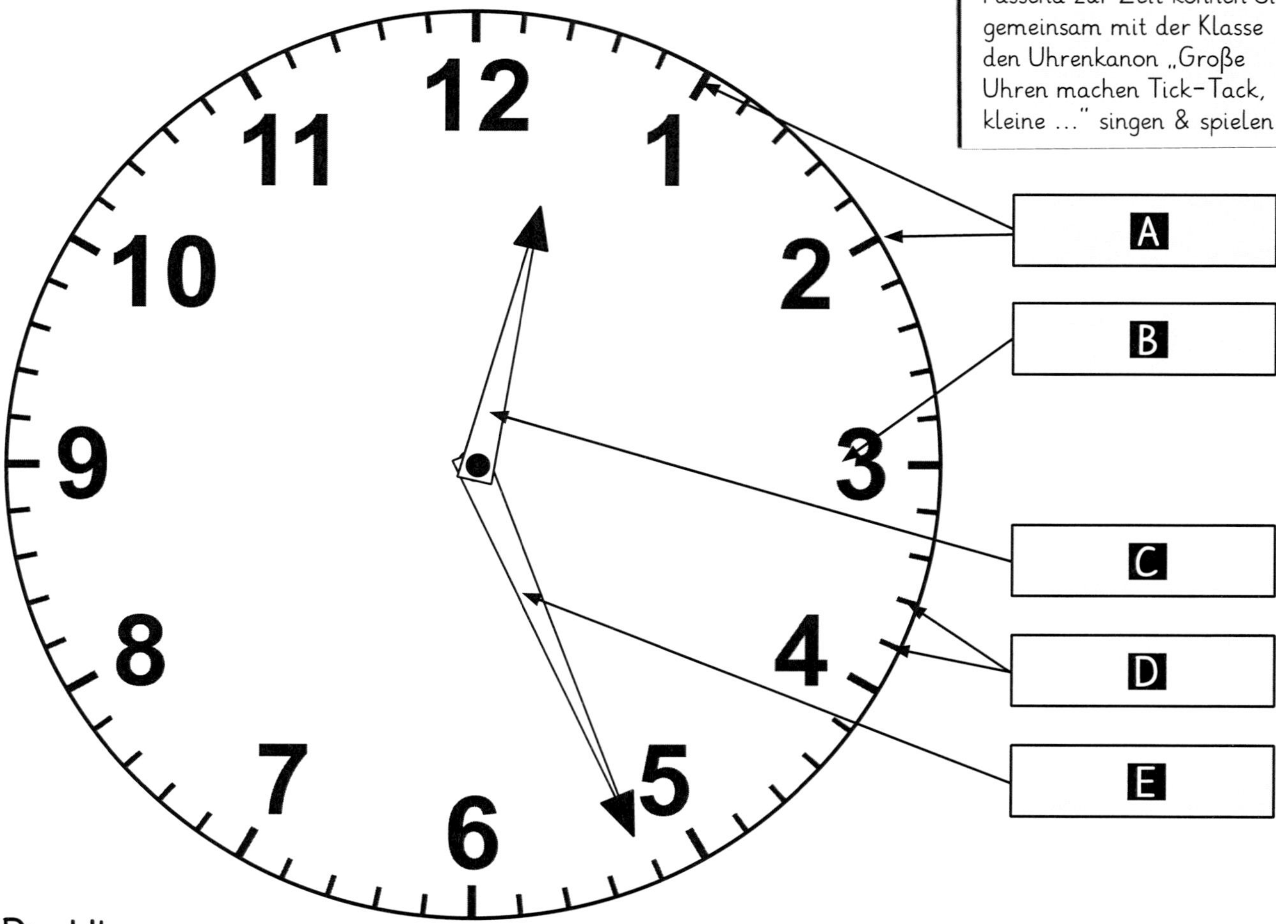


TIPPKASTEN

Passend zur Zeit können Sie gemeinsam mit der Klasse den Uhrenkanon „Große Uhren machen Tick-Tack, kleine ..." singen & spielen.

## Die Uhr

Die Uhr zeigt dir die ____________ an. Die großen Striche helfen dir, die **A** ____________ abzulesen. Die Zahlen lassen dich schneller die Zeit erkennen. Ist eine **B** ____________ vorbei, ist der **C** ____________ auf die nächste Ziffer gewandert. Die kleinen ____________ zeigen dir die **D** ____________ an. Ist eine Minute vorbei, springt der **E** ____________ einen ____________ weiter. Das macht er ____________, dann ist er an der gleichen Stelle wieder angelangt und eine Stunde ist vorbei.

---

<u>Aufgabe</u>:

- *Trage diese Begriffe an den richtigen Stellen im Text ein.*

| Strich – Zeit – Striche – Stunde – Stunden<br>kleine Zeiger – große Zeiger – Minuten – 60x |
|---|

- *Schneide aus und klebe oben an die richtigen Stellen neben der Uhr.*

| Stunden | Stunde | kleiner Zeiger | Minuten | große Zeiger |
|---|---|---|---|---|

# 4 Uhrzeiten

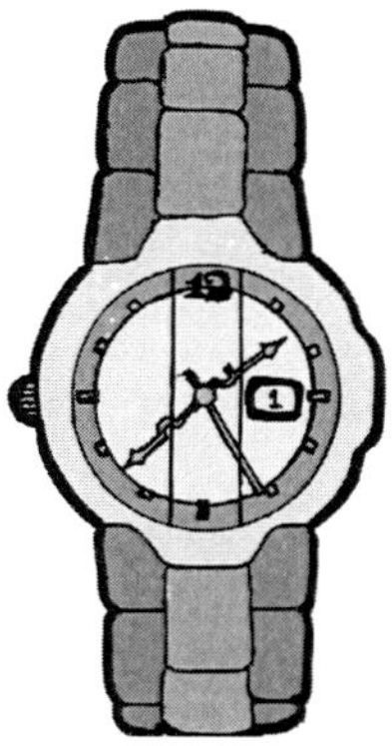

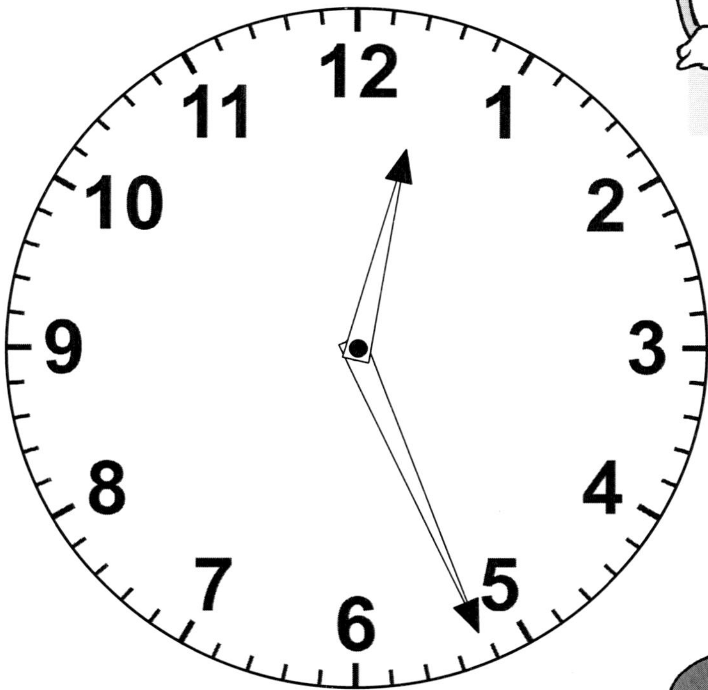

<u>Aufgabe</u>: *Nimm die Uhrvorlage oder eine andere Uhr und stelle mit den Zeigern verschiedene Zeiten ein.*

Wann stehst du morgens auf?

Wann gehst du morgens in die Schule?

Wann gibt es bei euch Mittagessen?

Wann triffst du dich mit deinen Freunden?

Wann gehst du zum Fußball-Training?

Wann isst du Abendbrot?

Wann musst du ins Bett?

KOHL VERLAG
DIE UHR KENNEN LERNEN
Der Uhrzeittrainer – Bestell-Nr. 11 508

# 5 Tag & Nacht

## Verschiedene Zeiten

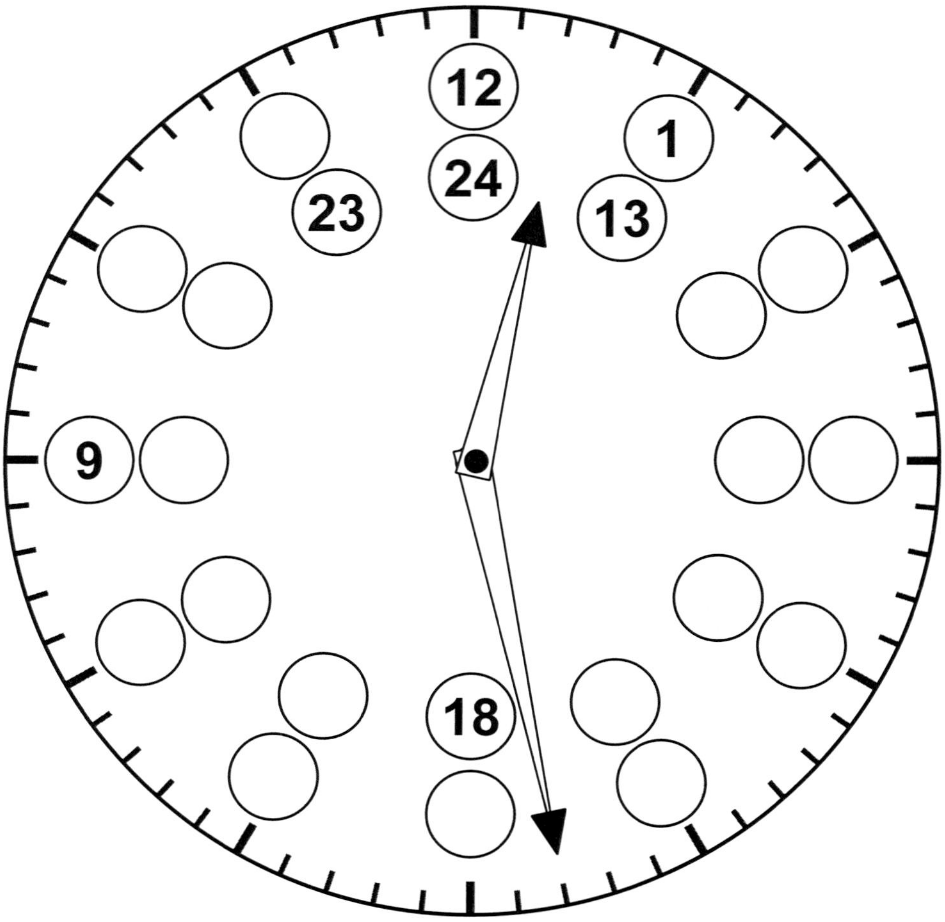


Die Uhr zeigt dir verschiedene Zeiten an. Damit du weißt, ob es morgens oder abends 7 Uhr ist, verwenden wir andere Ziffern. Meinen wir 7 Uhr morgens, sagen wir: „Es ist 7 Uhr." Abends sagen wir: „Es ist 19 Uhr."

**Aufgabe 1:** *Beschrifte die Uhr.*

**Aufgabe 2:** *Ergänze die fehlenden Uhrzeiten.*

a) 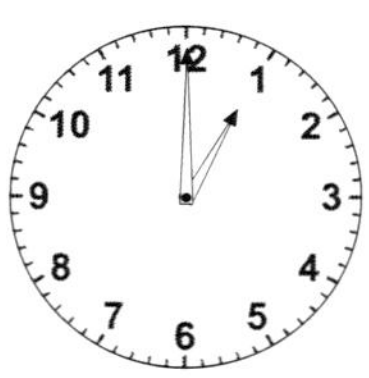 1.00 / 13.00

b)  ______ / ______

c) 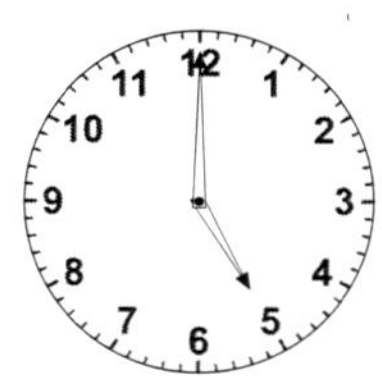 ______ / ______

d) 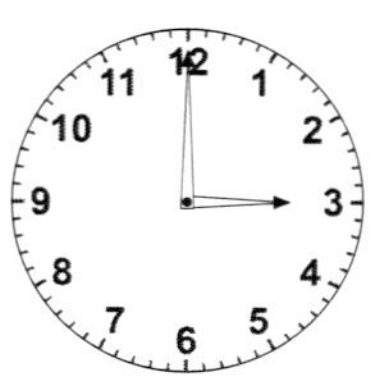 ______ / ______

e)  ______ / ______

f)  ______ / ______

## Zwei Uhrzeiten

**Aufgabe 3:** *Ordne jeder Uhr die zwei passenden Uhrzeiten zu bzw. zeichne die Zeiger und ergänze die Uhrzeit.*

a) 
b) 
c) 
d) 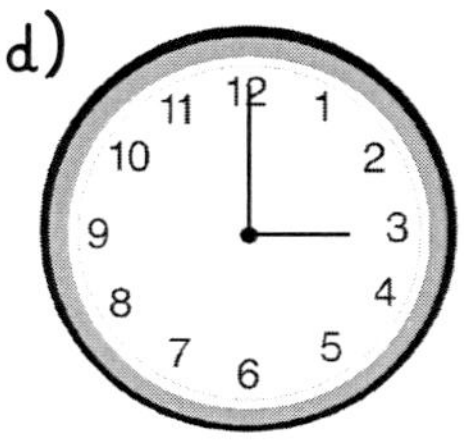
e) 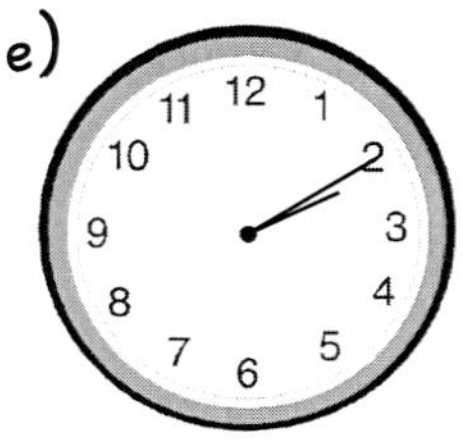

| a) | b) | c) | d) | e) |
|---|---|---|---|---|
| | | | | |
| | | | | |

f) 
g) 
h) 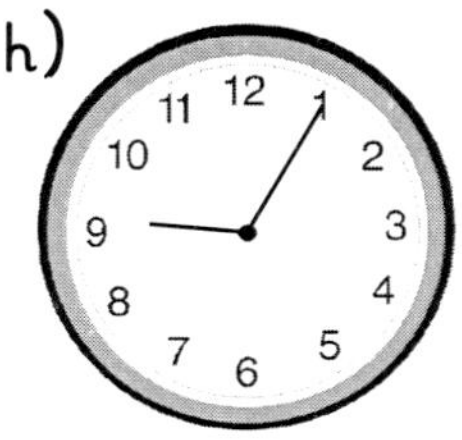
i) 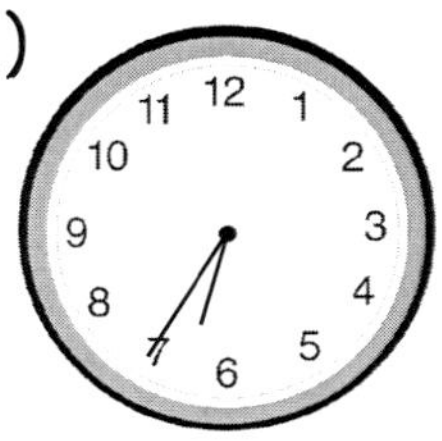
j) 

| f) | g) | h) | i) | j) |
|---|---|---|---|---|
| | | | | |
| | | | | |

k) 
l) 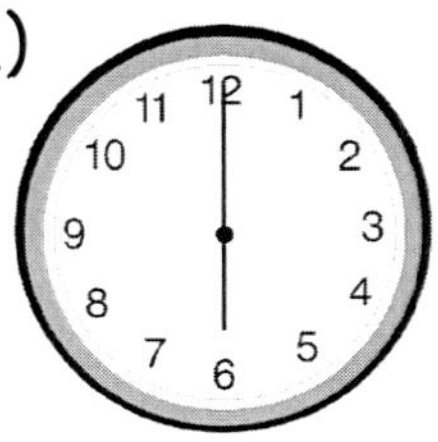
m) 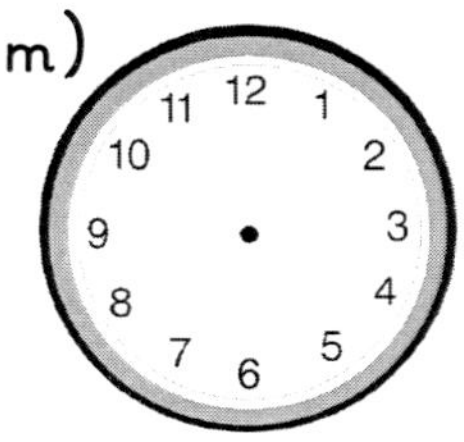
n) 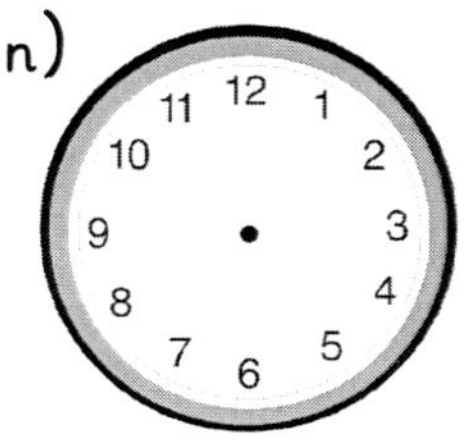
o) 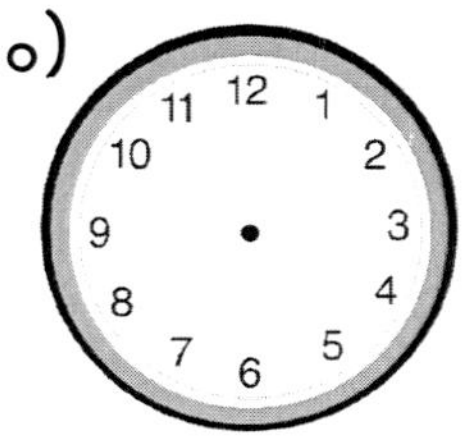

| k) | l) | m) | n) | o) |
|---|---|---|---|---|
| | | | 6:25 | |
| | | 14:55 | | 15:45 |

p) 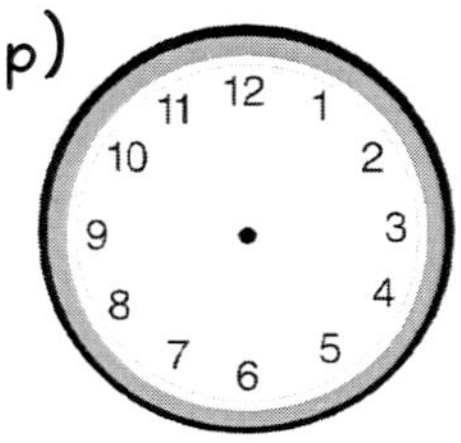
q) 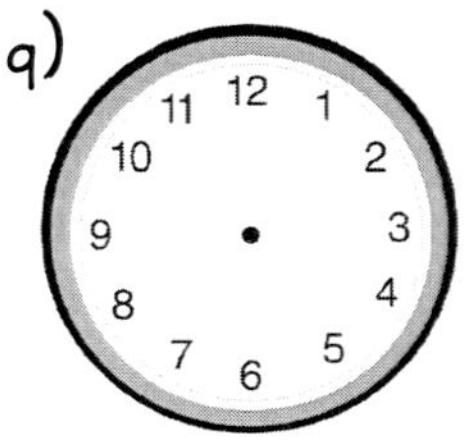
r) 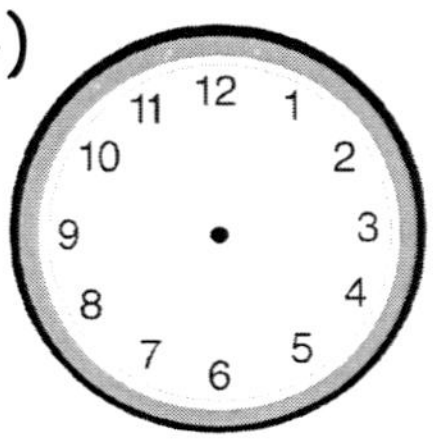
s) 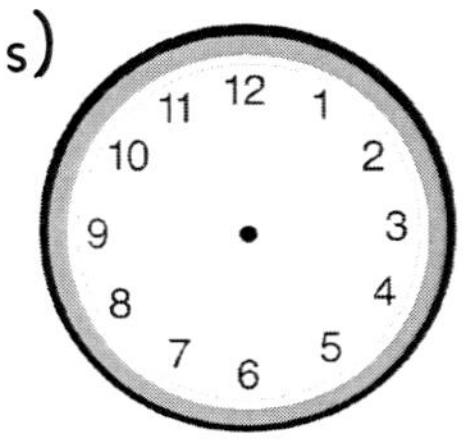
t) 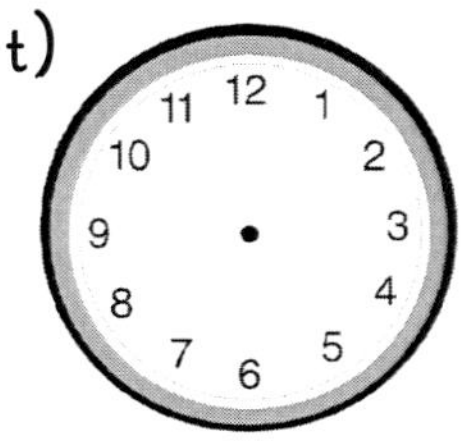

| p) | q) | r) | s) | t) |
|---|---|---|---|---|
| | | 0:35 | 8:55 | 11:15 |
| 23:00 | 16:30 | | | |

DIE UHR KENNEN LERNEN
Der Uhrzeittrainer – Bestell-Nr. 11 508
KOHL VERLAG

## Uhrzeiten sortieren

**Aufgabe 4:** *Schneide die Kärtchen aus und sortiere sie in aufsteigender Reihenfolge auf der folgenden Seite richtig ein.*

| | | |
|---|---|---|
|  | 9:15<br>23:45 | vierzehn Uhr<br>neun Uhr |
|  | 4:00<br>21:00 | einundzwanzig Uhr<br>sechzehn Uhr |
|  | 16:45<br>7:30 | zwei Uhr<br>vier Uhr |
|  | 9:00<br>16:00 | Viertel vor zwölf |
|  | 2:00<br>4:45 | Viertel nach neun |
|  | 21:15<br>14:00 | halb acht |
|  | 19:30<br>11:45 | Viertel vor fünf |

# Uhrzeiten sortieren

<table>
<tr><td rowspan="2"></td><td></td><td></td></tr>
<tr><td></td><td></td></tr>
<tr><td rowspan="2"></td><td></td><td></td></tr>
<tr><td></td><td></td></tr>
<tr><td rowspan="2"></td><td></td><td rowspan="2"></td></tr>
<tr><td></td></tr>
<tr><td rowspan="2"></td><td></td><td rowspan="2"></td></tr>
<tr><td></td></tr>
<tr><td rowspan="2"></td><td></td><td></td></tr>
<tr><td></td><td></td></tr>
<tr><td rowspan="2"></td><td></td><td rowspan="2"></td></tr>
<tr><td></td></tr>
<tr><td rowspan="2"></td><td></td><td rowspan="2"></td></tr>
<tr><td></td></tr>
</table>

KOHL VERLAG
DIE UHR KENNEN LERNEN
Der Uhrzeittrainer – Bestell-Nr. 11 508

# 6 Wir lernen die Uhr

## Volle Stunden

Steht der große Zeiger auf der 12, kannst du die Zeit einfach am kleinen Zeiger ablesen.

Auf dieser Uhr ist es 5 Uhr.

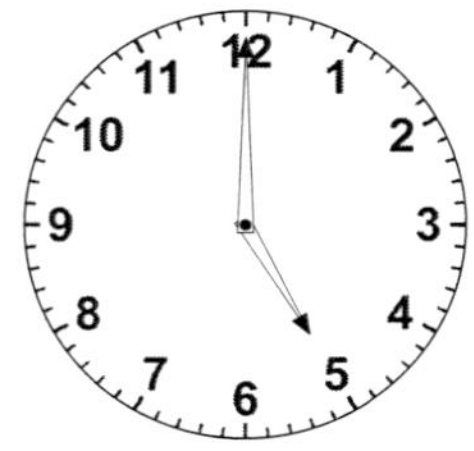

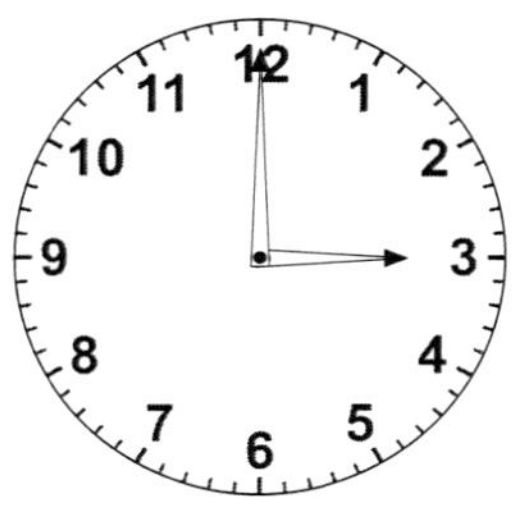

Es ist 3 Uhr.

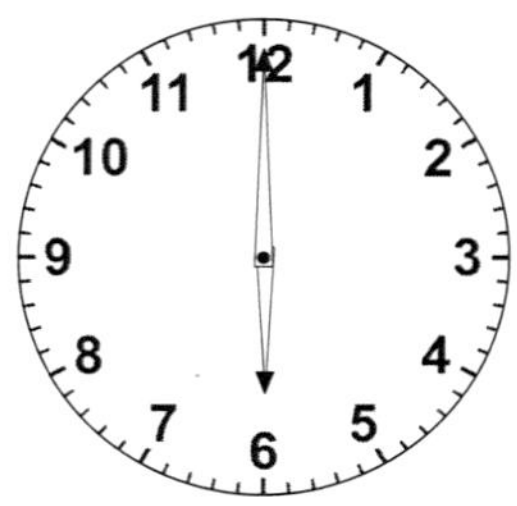

Es ist 6 Uhr.

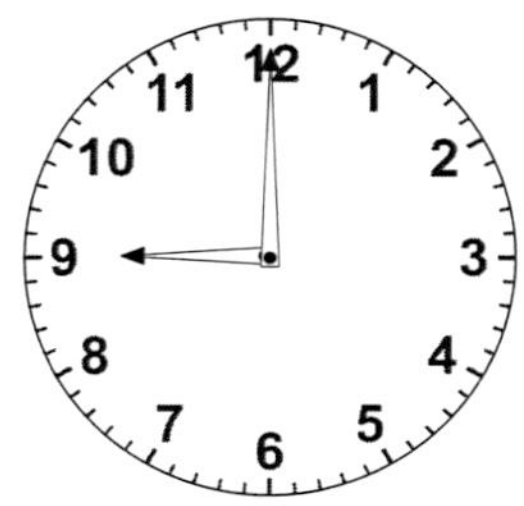

Es ist 9 Uhr.

**Aufgabe 1:** *Schreibe auf, wie viel Uhr es ist.*

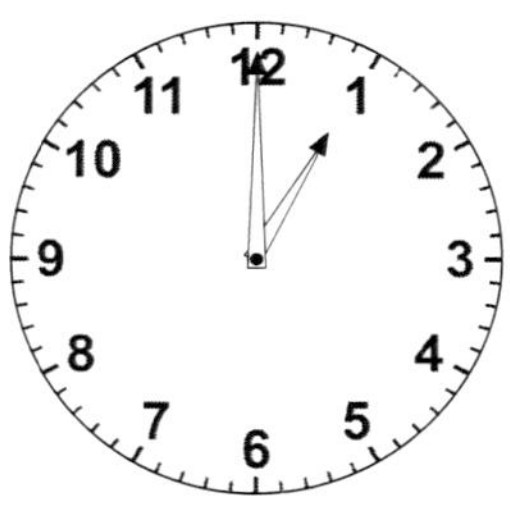

Es ist ______ Uhr.

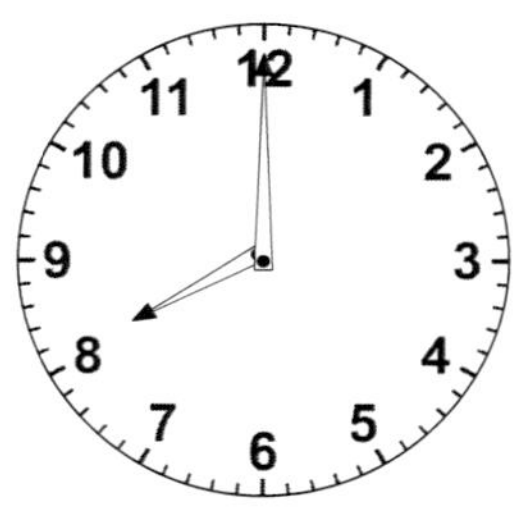

Es ist ______ Uhr.

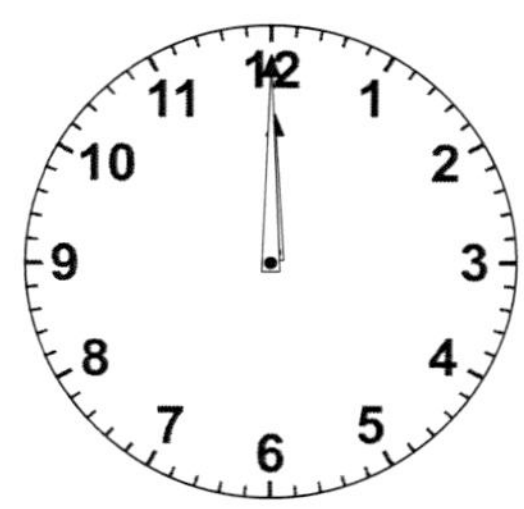

Es ist ______ Uhr.

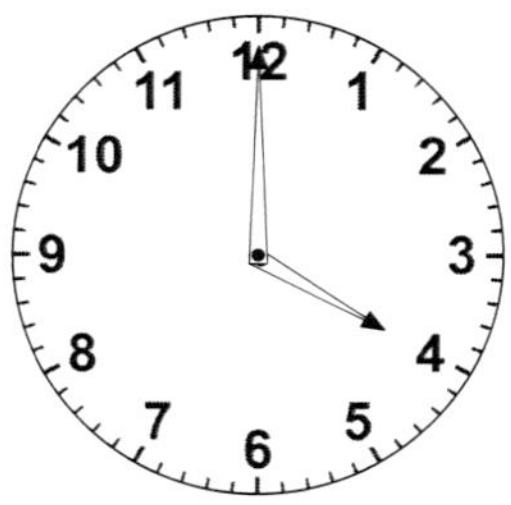

Es ist ______ Uhr.

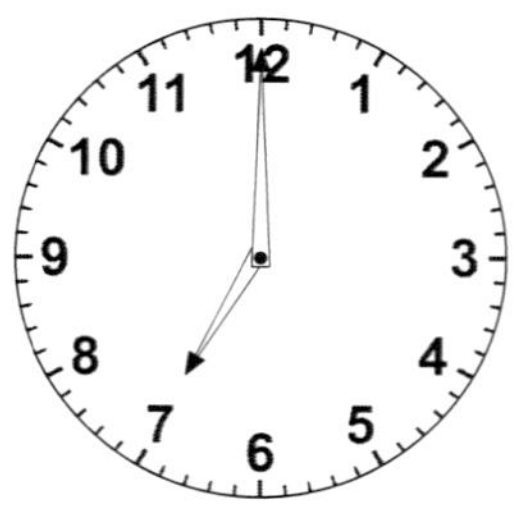

Es ist ______ Uhr.

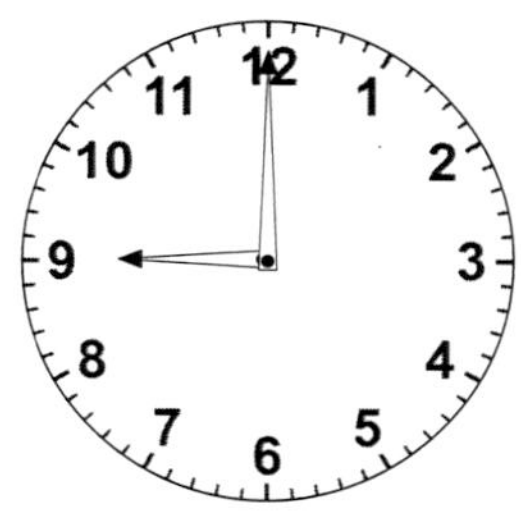

Es ist ______ Uhr.

**Aufgabe 2:** *Stelle deine Uhr ein und sage deinem Partner/Tischnachbarn, wie viel Uhr es ist.*

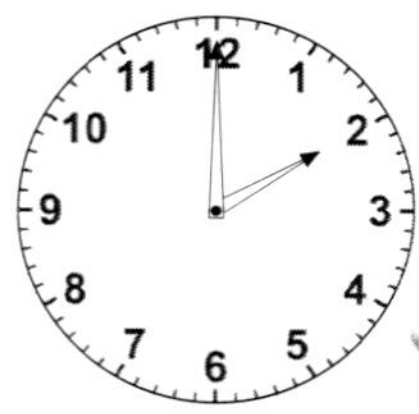

„Es ist 2 Uhr."

## Halbe Stunden

Steht der große Zeiger auf der 6, sind 30 Minuten seit der vollen Stunde vergangen.
Auf dieser Uhr ist es 2:30 Uhr / 14:30 Uhr. Wir sagen: halb 3. Dies bedeutet, dass es eine halbe Stunde vor 3 Uhr ist.

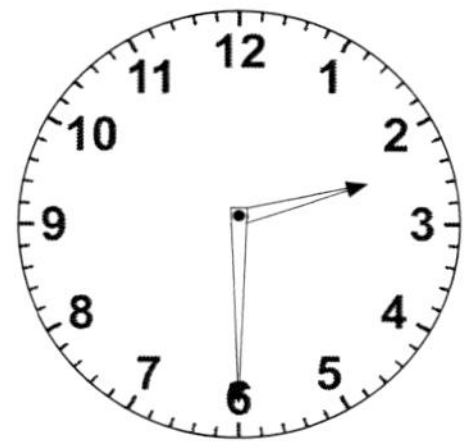

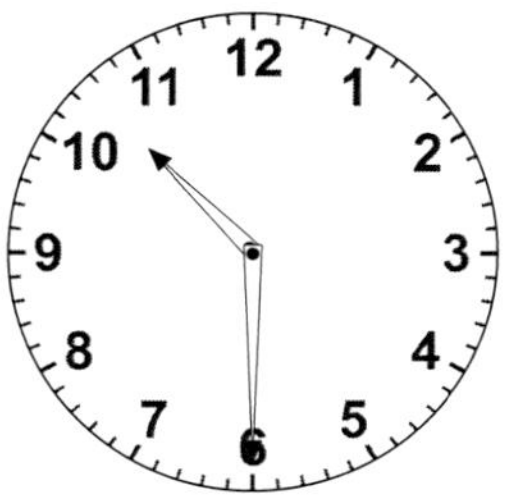

| 10:30 Uhr |
|---|
| 22:30 Uhr |
| halb 11 |

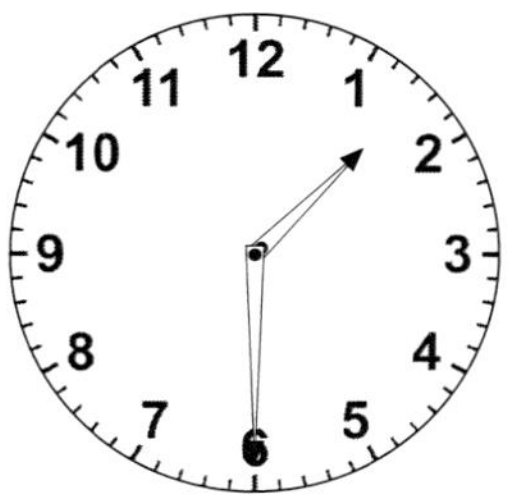

| 1:30 Uhr |
|---|
| 13:30 Uhr |
| halb 2 |

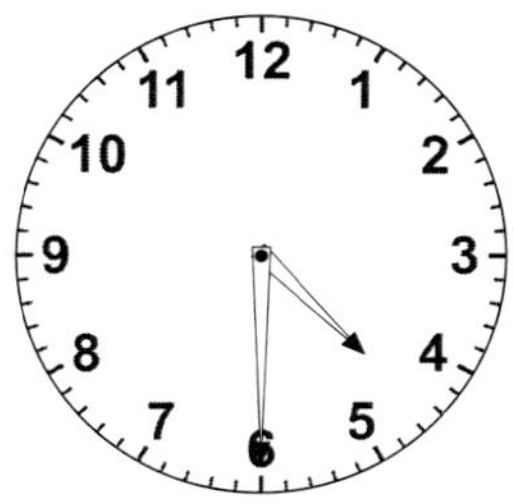

| 4:30 Uhr |
|---|
| 16:30 Uhr |
| halb 5 |

**Aufgabe 3:** *Schreibe auf, wie viel Uhr es ist.*

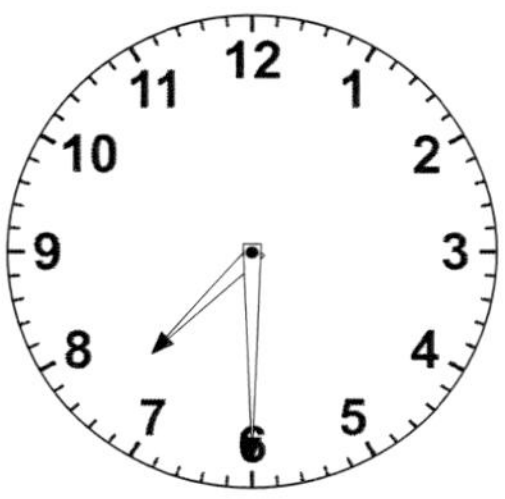

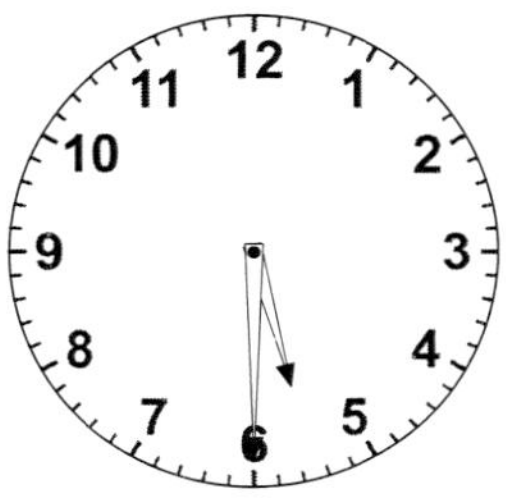

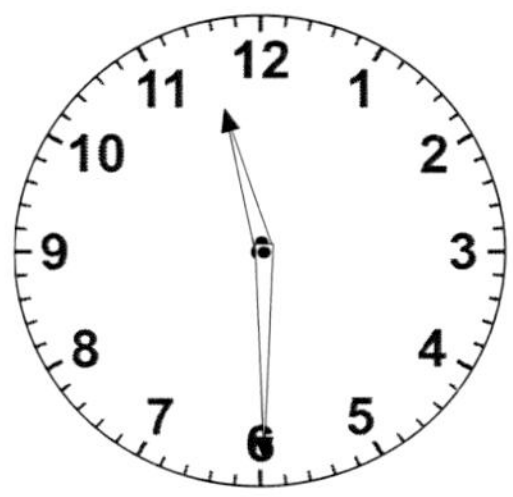

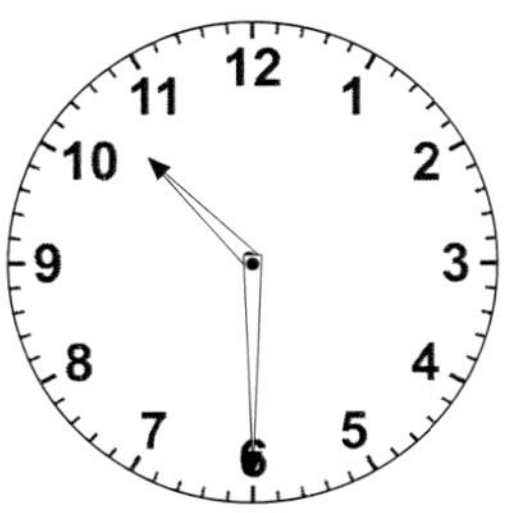

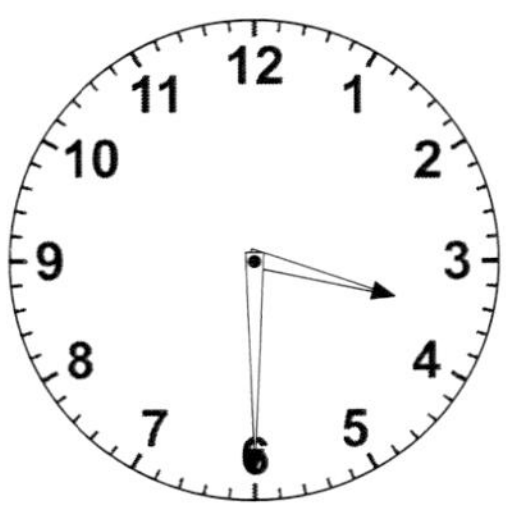

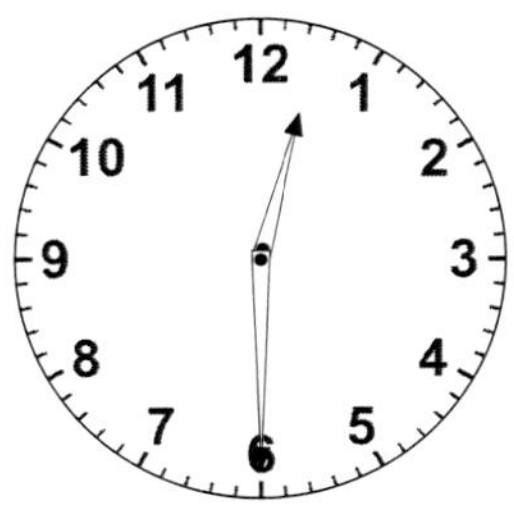

**Aufgabe 4:** *Stelle deine Uhr ein und sage deinem Partner/Tischnachbarn, wie viel Uhr es ist.*

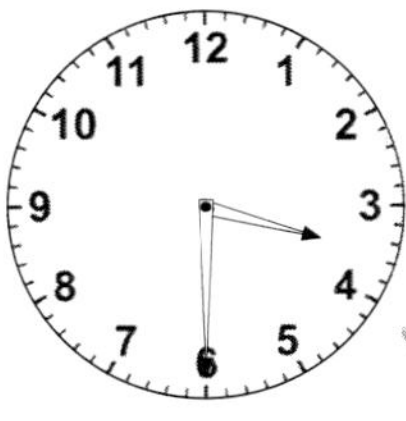

„Es ist halb 4."

„Es ist 15:30."

„Es ist 3:30."

DIE UHR KENNEN LERNEN – Der Uhrzeittrainer – Bestell-Nr. 11 508
KOHL VERLAG

# Öffnungszeiten

**Aufgabe 5:** a) *Trage ein, wie viele Stunden die Geschäfte geöffnet haben.*

**Stadtbücherei Blickfang**
**Öffnungszeiten**

| | |
|---|---|
| Montag: | 10.00 Uhr – 15.00 Uhr |
| Dienstag | 9.00 Uhr – 17.00 Uhr |
| Mittwoch: | Ruhetag |
| Donnerstag: | 15.00 Uhr – 20.00 Uhr |
| Freitag: | 16.00 Uhr – 19.00 Uhr |
| Samstag: | 11.00 Uhr – 13.00 Uhr |

Montag: __________ Stunden
Dienstag: __________ Stunden
Mittwoch: __________ Stunden
Donnerstag: __________ Stunden
Freitag: __________ Stunden
Samstag: __________ Stunden

**Pizzeria Da Toni**
**Öffnungszeiten**

| | |
|---|---|
| Mo: | 13:30 Uhr - 23:30 Uhr |
| Di: | Ruhetag |
| Mi - Sa: | 19:00 Uhr - 23:30 Uhr |
| So: | 17:00 Uhr - 23:00 Uhr |

Montag: __________ Stunden
Dienstag: __________ Stunden
Mittwoch: __________ Stunden
Donnerstag: __________ Stunden
Freitag: __________ Stunden
Samstag: __________ Stunden
Sonntag: __________ Stunden

b) *Gestalte ein Schild mit deinen eigenen Öffnungszeiten. Tausche dein Schild mit deinem Tischnachbarn. Berechnet gegenseitig.*

**Sporthandlung**
**Öffnungszeiten**

Mo, Di, Do, Fr
Mi
Sa

Montag: __________ Stunden
Dienstag: __________ Stunden
Mittwoch: __________ Stunden
Donnerstag: __________ Stunden
Freitag: __________ Stunden
Samstag: __________ Stunden

# Viertelstunden

Steht der große Zeiger auf der 3, sind seit der vollen Stunde 15 Minuten vergangen.
Auf dieser Uhr ist es 4:15 / 16:15. Wir sagen Viertel nach 4.

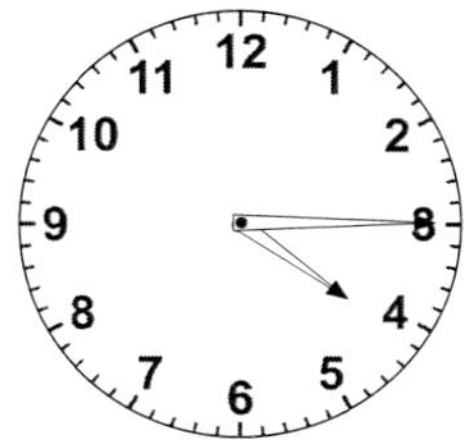

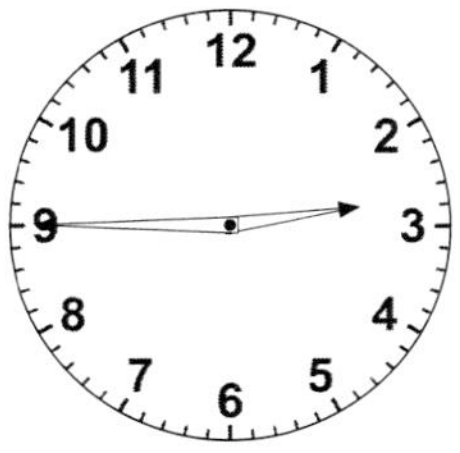

Steht der große Zeiger auf der 9, sind seit der vollen Stunde 45 Minuten vergangen.
Auf dieser Uhr ist es 2:45 / 14:45. Wir sagen Viertel vor 3. Dies bedeutet, dass es eine Viertel Stunde vor 3 Uhr ist.

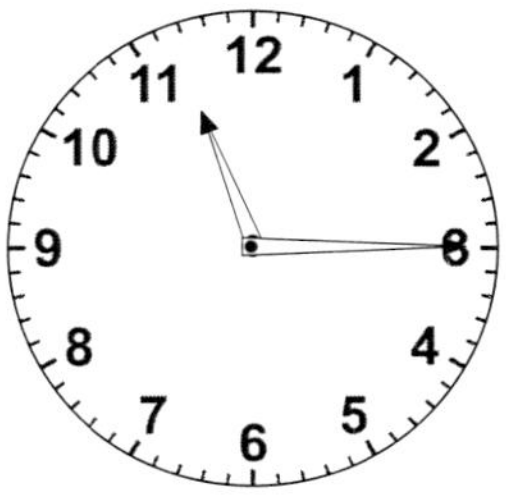

| 11:15 |
| --- |
| 23:15 |
| Viertel nach 11 |

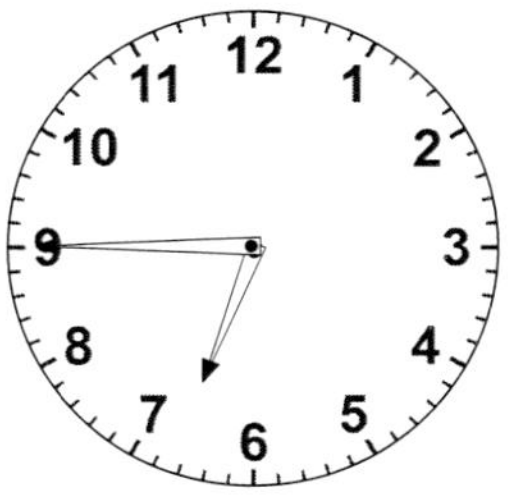

| 6:45 |
| --- |
| 18:45 |
| Viertel vor 7 |

**Aufgabe 6:** *Schreibe auf, wie viel Uhr es ist.*

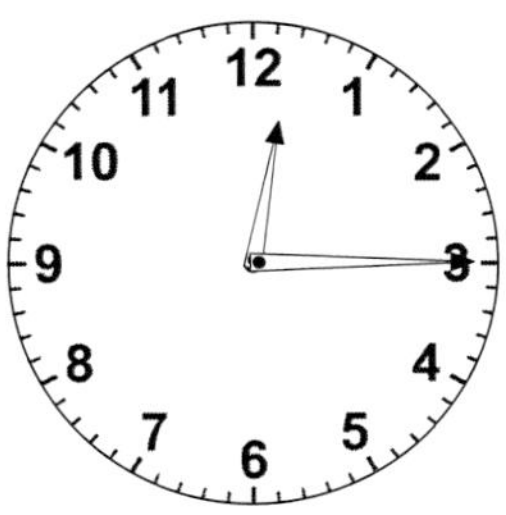

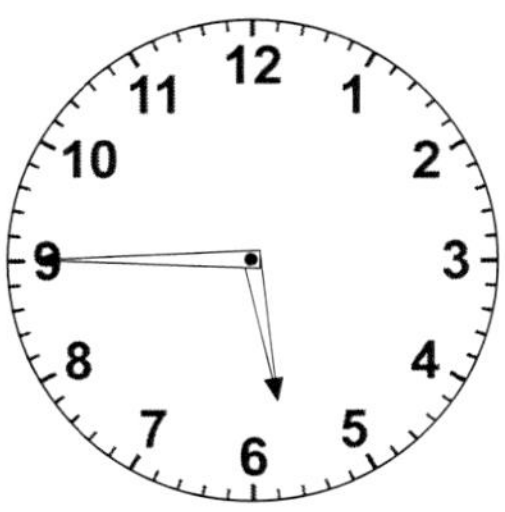

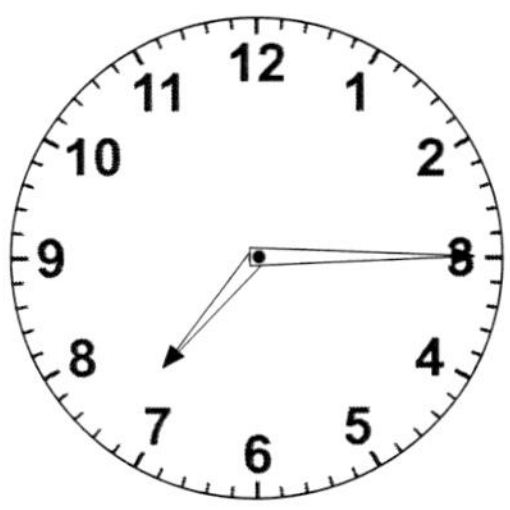

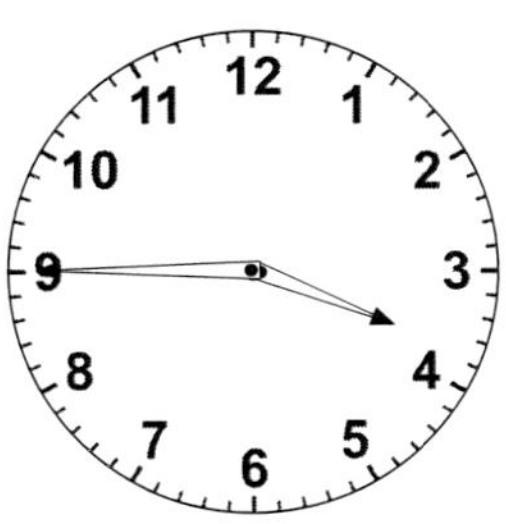

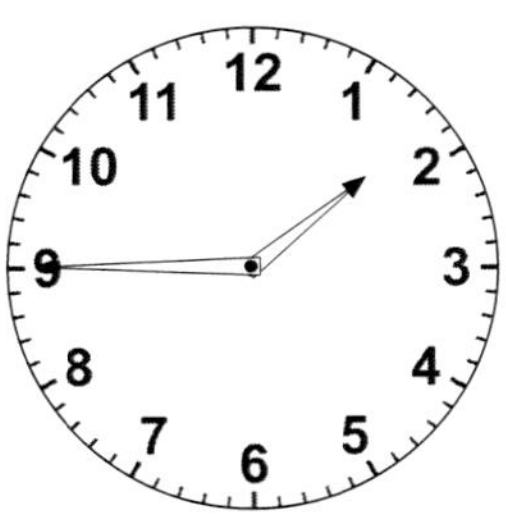

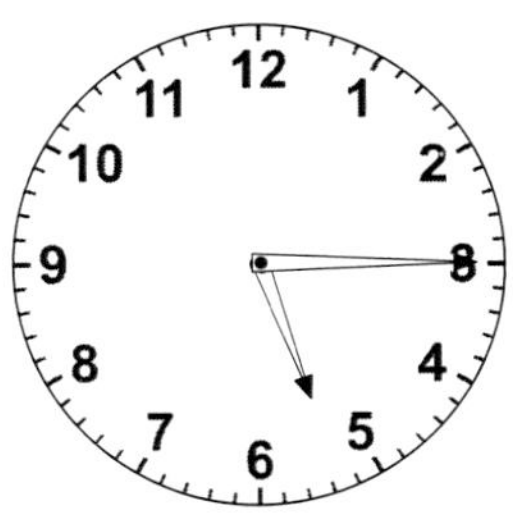

DIE UHR KENNEN LERNEN
Der Uhrzeittrainer – Bestell-Nr. 11 508
KOHL VERLAG

## Minuten

Die Punkte auf der Uhr zeigen dir die Minuten an. Ist eine Minute vorbei, springt der große Zeiger einen Punkt weiter. Das macht er 60x, dann ist er an der gleichen Stelle wieder angelangt – und eine Stunde ist vergangen. Du kannst die Punkte einfach abzählen und schon weißt du, wie viele Minuten vergangen sind.
Auf dieser Uhr ist es 6:05 / 18:05.

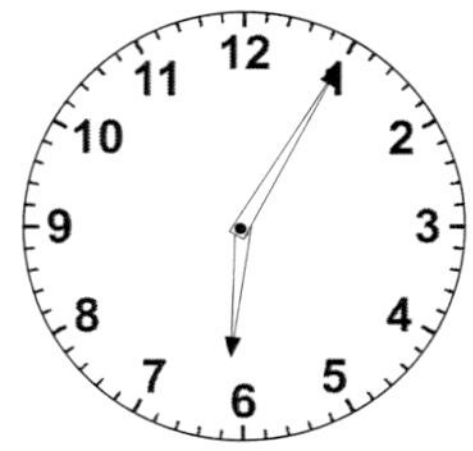

| 1:16 |
|---|
| 13:16 |

| 11:18 |
|---|
| 23:18 |

**Aufgabe 7:** *Schreibe auf, wie viel Uhr es ist.*

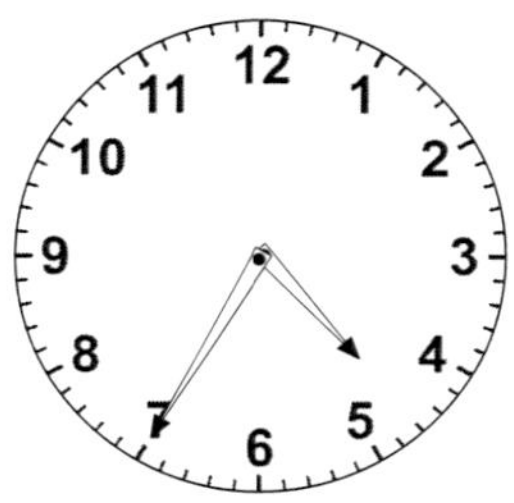

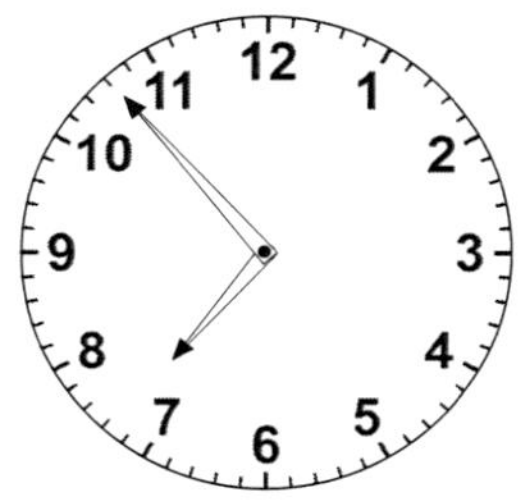

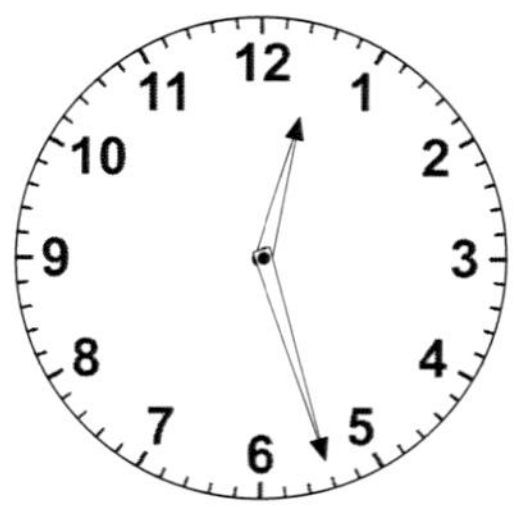

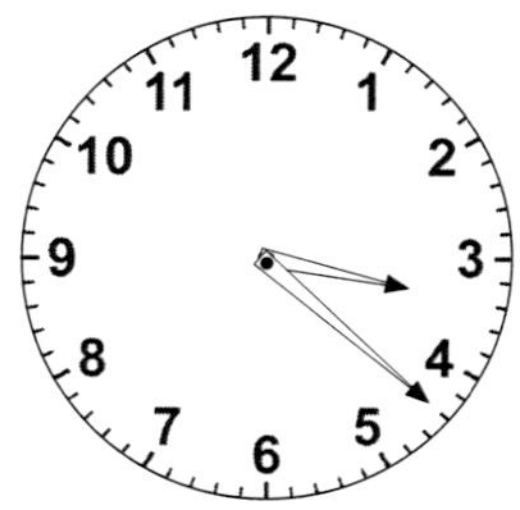

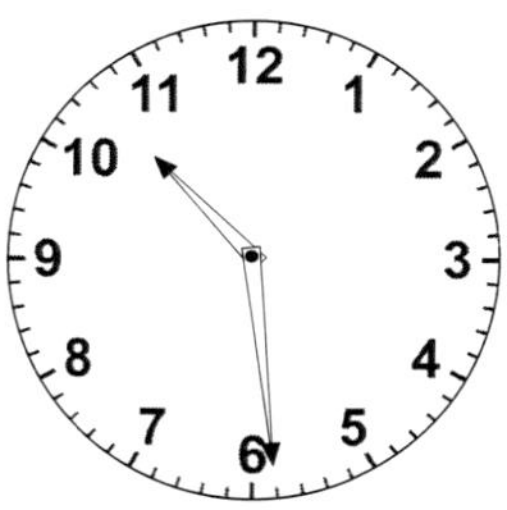

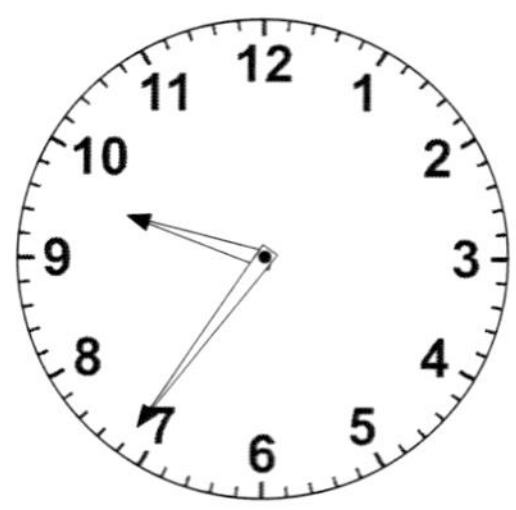

DIE UHR KENNEN LERNEN

Eine Stunde hat 60 Minuten. Damit du bis zur nächsten Stunde rechnen kannst, nimmst du die vollen 60 Minuten und ziehst die gegebenen Minuten ab. So erhältst du die Minuten, die bis zur vollen Stunde fehlen.

Beispiel: 13:08 ⟶ 14:00

Rechne: 60 Min. – 8 Min. = 52 Min.

**Aufgabe 8:** *Schreibe auf, wie viele Minuten bis zur nächsten vollen Stunde fehlen.*

a) 13:10 —+ 50 Min.→ 14:00
b) 7:35 —+ ____→ 8:00
c) 18:26 —+ ____→ 19:00
d) 23:47 —+ ____→ 0:00
e) 6:18 —+ ____→ 7:00
f) 15:22 —+ ____→ 16:00
g) 22:49 —+ ____→ 23:00
h) 8:06 —+ ____→ 9:00
i) 11:25 —+ ____→ 12:00
j) 1:29 —+ ____→ 2:00

**Aufgabe 9:** *Wie viele Minuten sind zwischen den beiden Uhren vergangen?*

a) 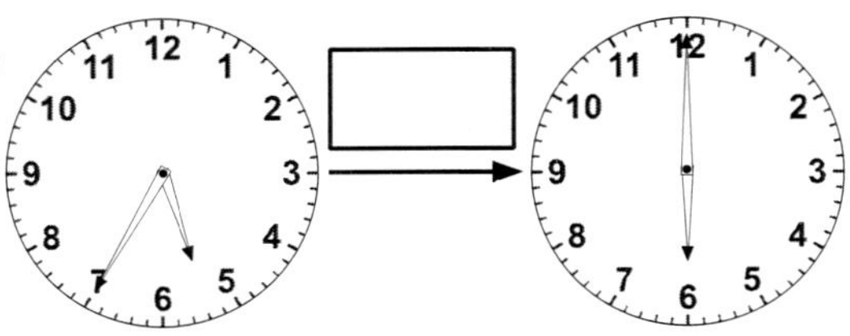

b) 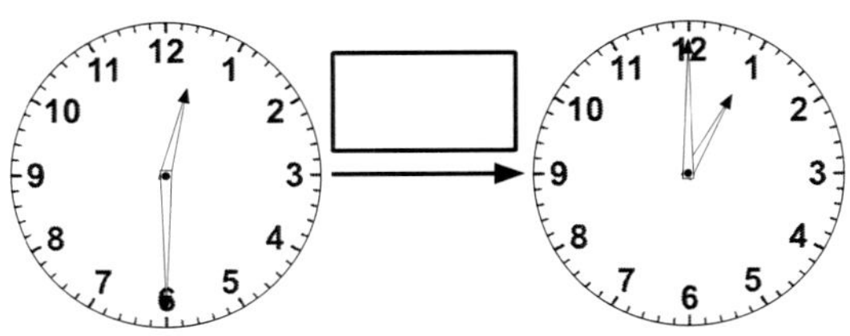

c) 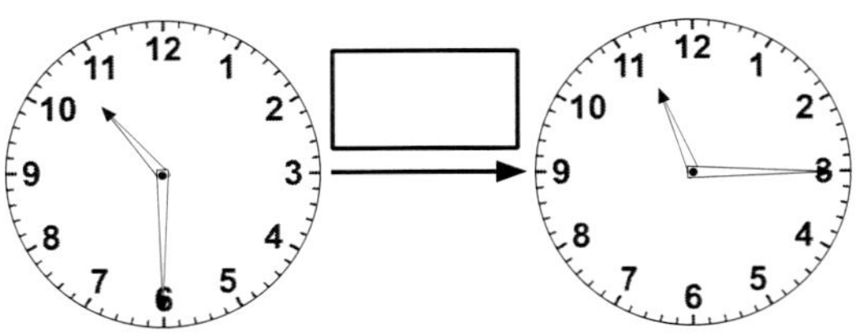

d) 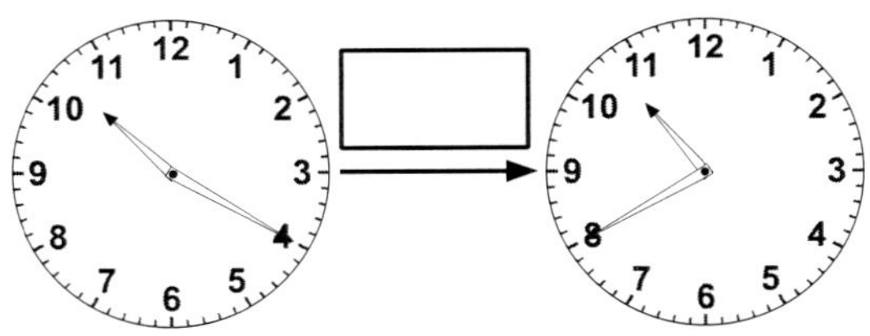

DIE UHR KENNEN LERNEN
Der Uhrzeittrainer – Bestell-Nr. 11 508
KOHL VERLAG

# Wie viele Stunden/Minuten?

**Aufgabe 10:** *Wie viele Stunden sind zwischen den beiden Uhrzeiten vergangen?*

von  bis 

a) ______ Stunden

von  bis 

b) ______ Stunden

von  bis 

c) ______ Stunden

von 14:00 bis 16:00

d) ______ Stunden

von 06:10 bis 12:10

e) ______ Stunden

von 17:25 bis 20:25

f) ______ Stunden

**Aufgabe 11:** *Wie viele Minuten sind zwischen den beiden Uhrzeiten vergangen?*

von  bis 

a) ______ Minuten

von  bis 

b) ______ Minuten

von  bis 

c) ______ Minuten

von 05:20 bis 05:35

d) ______ Minuten

von 09:15 bis 10:00

e) ______ Minuten

von 14:30 bis 15:05

f) ______ Minuten

## Sekunden

Eine Minute hat 60 Sekunden. Damit du bis zur nächsten Minute rechnen kannst, nimmst du die vollen 60 Sekunden und ziehst die gegebenen Sekunden ab. So erhältst du die Sekunden, die bis zur vollen Minute fehlen.

Beispiel: 00:23 ⟶ 01:00
1 min = 60 sek

Rechne: 60 sek – 23 sek = 37 sek

**Aufgabe 12:** *Schreibe auf, wie viele Sekunden bis zur nächsten vollen Minute fehlen.*

a) 2 min 7 sek —— + 53 sek ——→ 3 min

b) 3 min 48 sek —— + ____ ——→ 4 min

c) 18 min 36 sek —— + ____ ——→ 19 min

d) 27 min 1 sek —— + ____ ——→ 28 min

e) 7 min 55 sek —— + ____ ——→ 8 min

f) 56 min 4 sek —— + ____ ——→ 57 min

g) 17 min 23 sek —— + ____ ——→ 18 min

h) 8 min 34 sek —— + ____ ——→ 9 min

i) 14 min 45 sek —— + ____ ——→ 15 min

j) 22 min 14 sek —— + ____ ——→ 23 min



KOHL VERLAG DIE UHR KENNEN LERNEN Der Uhrzeittrainer – Bestell-Nr. 11 508

<u>Aufgabe 13</u>: *Suche den Weg durch den Irrgarten. Rechne aus, wie viele Sekunden bis zur vollen Minute fehlen und folge dem richtigen Weg.*

DIE UHR KENNEN LERNEN

# Zeiten-Kreuzworträtsel

Aufgabe 14:
- *Wandle die Stunden in jeder Aufgabe in Minuten um und addiere. Rechne immer: 1 Stunde = 60 Minuten*
- *Schreibe das Ergebnis in das Kreuzworträtsel. Immer nur eine Ziffer gehört in ein Kästchen.*

| Waagerecht | Senkrecht |
|---|---|
| 1. 5 h 17 min = | 1. 5 h 58 min = |
| 3. 3 h 51 min = | 2. 12 h = |
| 5. 3 h 20 min = | 3. 3 h 22 min = |
| 6. 13 h 30 min = | 4. 1 h 41 min = |
| 8. 3 h 31 min = | 7. 1 h 51 min = |
| 10. 6 h 52 min = | 9. 2 h 17 min = |
| 12. 2 h 53 min = | 10. 6 h 43 min = |
| 14. 2 h 4 min = | 11. 3 h 33 min = |
| 15. 5 h 33 min = | 12. 2 h 28 min = |
| 16. 13 h 29 min = | 13. 5 h 9 min = |

Aufgabe 15:
- *Stelle selbst ein Kreuzworträtsel zu Minuten und Sekunden her. Beispiel: 4 Min. 17 Sek. + 32 Sek. = 289 Sek.*
- *Schreibe deine Aufgabe für waagerecht und senkrecht auf ein Extrablatt. Schreibe mit Bleistift, dann kannst du leichter berichtigen, denn es wird eine Knobelaufgabe.*

KOHL VERLAG DIE UHR KENNEN LERNEN Der Uhrzeittrainer – Bestell-Nr. 11 508

## Uhrzeiten ablesen

**Aufgabe 16:** *Verbinde die Uhrzeit mit der richtigen Zeitangabe.*

a)

| zehn vor halb 2 | neunzehn Uhr | Viertel vor 12 | halb 5 | 5 vor halb 3 | Viertel nach 10 |
|---|---|---|---|---|---|

b)

| Viertel vor 9 | 5 vor 12 | achtzehn Uhr | 5 nach 7 | zehn vor 3 | halb 1 |
|---|---|---|---|---|---|

**Aufgabe 17:** *Trage die fehlenden Zeiten ein.*

a)

b)

## Verschiedene Namen

**Aufgabe 18:** *Male die gleiche Zeit in gleicher Farbe an.*

11:55 Uhr

18:35 Uhr

20 nach 11

23:20 Uhr

5 nach halb 7

5 vor 12

2:40 Uhr

23:55 Uhr

6:35 Uhr

20 vor 3

19:45 Uhr

14:40 Uhr

Viertel vor 8

7:45 Uhr

**Aufgabe 19:** *Trage die fehlenden Uhrzeiten ein.*

| analoge Uhrzeit | digitale Uhrzeit | Wir sagen ... |
|---|---|---|
| 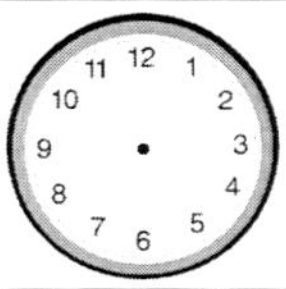 | ________ <br> 13:00 | ________ |
| 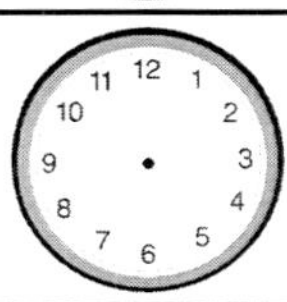 | ________ <br> ________ | zehn nach eins |
| 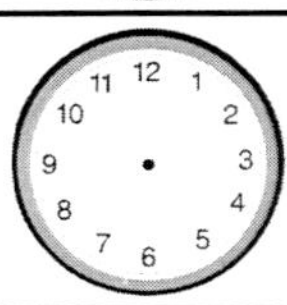 | 1:14 <br> ________ | ________ |
|  | ________ <br> ________ | ________ |
|  | ________ <br> ________ | ________ |
| 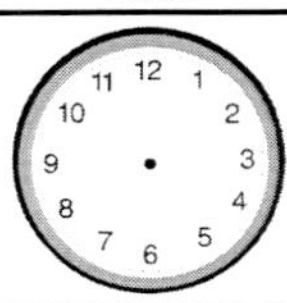 | 1:55 <br> ________ | ________ |

KOHL VERLAG
DIE UHR KENNEN LERNEN
Der Uhrzeittrainer – Bestell-Nr. 11 508

# Verschiedene Namen

**Aufgabe 20:** *Nehmt eure Lernuhr und stellt die Uhrzeiger auf die angegebenen Uhrzeiten. Kontrolliert euch gegenseitig.*

**Volle Stunden**

| | | | | | |
|---|---|---|---|---|---|
| zehn Uhr | 21:00 | 5:00 | 12:00 | vierzehn Uhr | ein Uhr |
| 16:00 | elf Uhr | 8:00 | 0:00 | neunzehn Uhr | 3:00 |

**Halbe Stunden**

| | | | | | |
|---|---|---|---|---|---|
| 4:30 | halb zehn | halb zwölf | 9:30 | 16:30 | halb eins |
| 0:30 | 8:30 | halb neun | 23:30 | halb sechs | 14:30 |

**Viertelstunden**

| | | | | | |
|---|---|---|---|---|---|
| 15:15 | Viertel nach 8 | 0:45 | Viertel vor 12 | 20:45 | 17:15 |
| Viertel nach 1 | Viertel vor 3 | 12:15 | 18:45 | Viertel nach 10 | Viertel vor 3 |

**Gemischte Uhrzeiten**

| | | | | | |
|---|---|---|---|---|---|
| 8:45 | halb 12 | 0:00 | Viertel vor 9 | 4:15 | halb 1 |
| halb 3 | Viertel nach 5 | 11:45 | zwei Uhr | 23:00 | Viertel nach 4 |

# Uhrzeiten-Bingo

**Aufgabe 21:** *Trage die Uhrzeiten in das Bingo-Feld ein. Die Reihenfolge bestimmst du dabei selbst.*

*Deine Lehrerin oder dein Lehrer liest dir anschließend eine Uhrzeit vor. Male die genannte Zeit an. Hast du die 3 Uhren nebeneinander oder diagonal angemalt, darfst du ganz laut „BINGO" rufen – und hast gewonnen!*

a)

| |
|---|
| 4:00 |
| 7:30 |
| 8:15 |
| 23:30 |
| 9:00 |
| 1:45 |
| 13:10 |
| 0:05 |
| 22:40 |

b)

| |
|---|
| 3:00 |
| 5:00 |
| 2:15 |
| 21:35 |
| 6:00 |
| 3:55 |
| 20:05 |
| 0:55 |
| 24:00 |

KOHL VERLAG DIE UHR KENNEN LERNEN Der Uhrzeittrainer – Bestell-Nr. 11 508

# Ein Schnelligkeitsspiel

**Aufgabe 22:**

- *Jeder benötigt einen Bogen. Schneidet die Uhrzeitkarten unten aus.*
- *Nun geht's los! Ihr spielt gegeneinander – der Schnellste gewinnt! Beginnt gleichzeitig auf „Los". Legt die Uhrzeitenkarten auf die passenden Uhren. Wer zuerst fertig ist, ruft: „Stop!" Ist alles richtig? Super, gewonnen! Wenn nicht, geht es auf „Los!" zurück und weiter, bis es einen Sieger gibt.*

PA

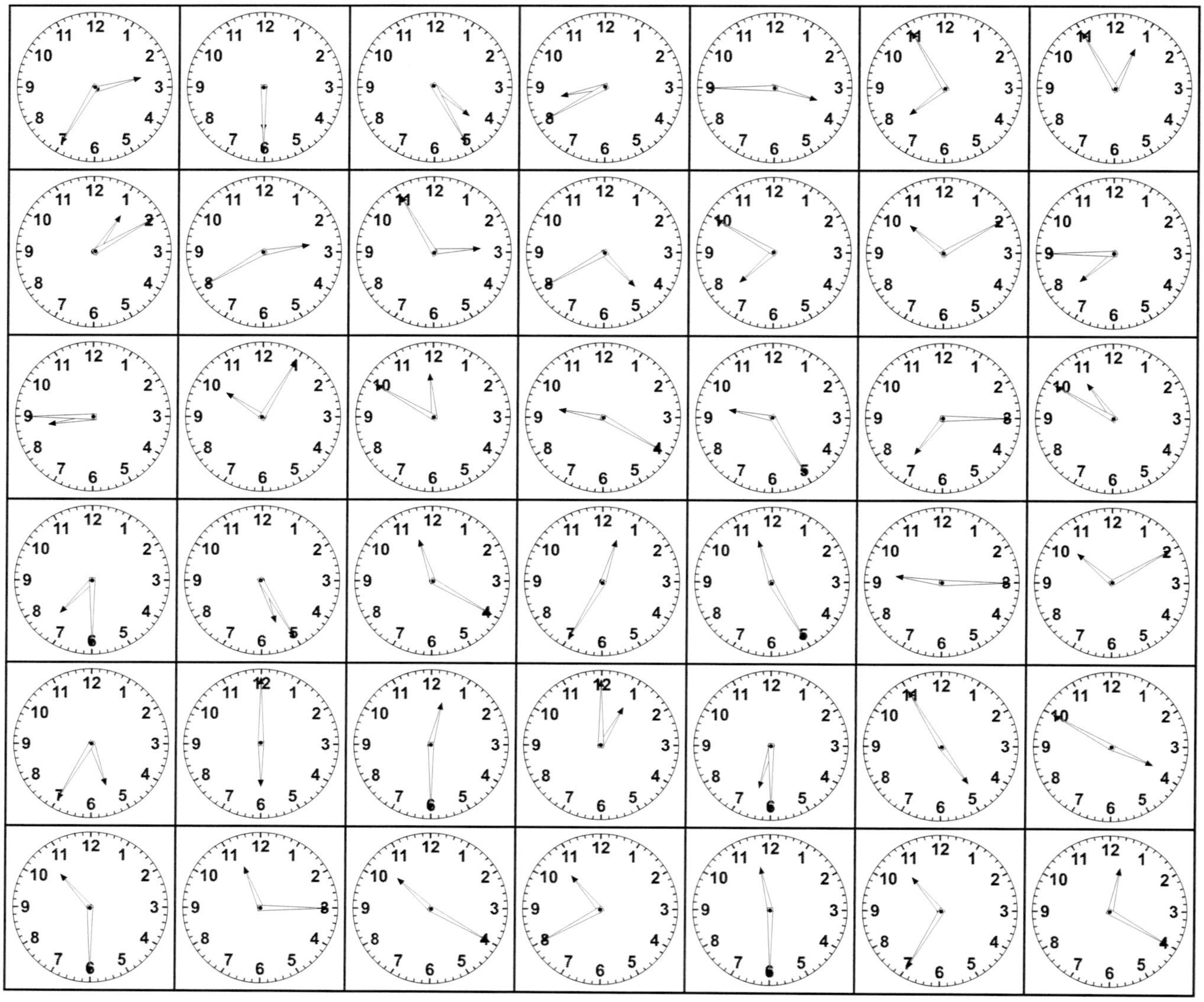

| 14:35 | 5:30 | 16:25 | 8:40 | 15:45 | 7:55 | 0:55 |
|---|---|---|---|---|---|---|
| 1:10 | 14:40 | 2:55 | 16:40 | 7:50 | 10:10 | 7:45 |
| 8:45 | 22:05 | 11:50 | 9:20 | 21:25 | 19:15 | 22:50 |
| 7:30 | 17:25 | 11:20 | 0:35 | 23:25 | 21:15 | 10:10 |
| 5:35 | 18:00 | 12:30 | 1:00 | 6:30 | 4:55 | 15:50 |
| 10:30 | 11:15 | 10:20 | 10:40 | 23:30 | 22:35 | 12:20 |

# Zeit-Domino

**Aufgabe 23:** *Schneide die Karten aus und spiele das Domino mit einem Partner.*

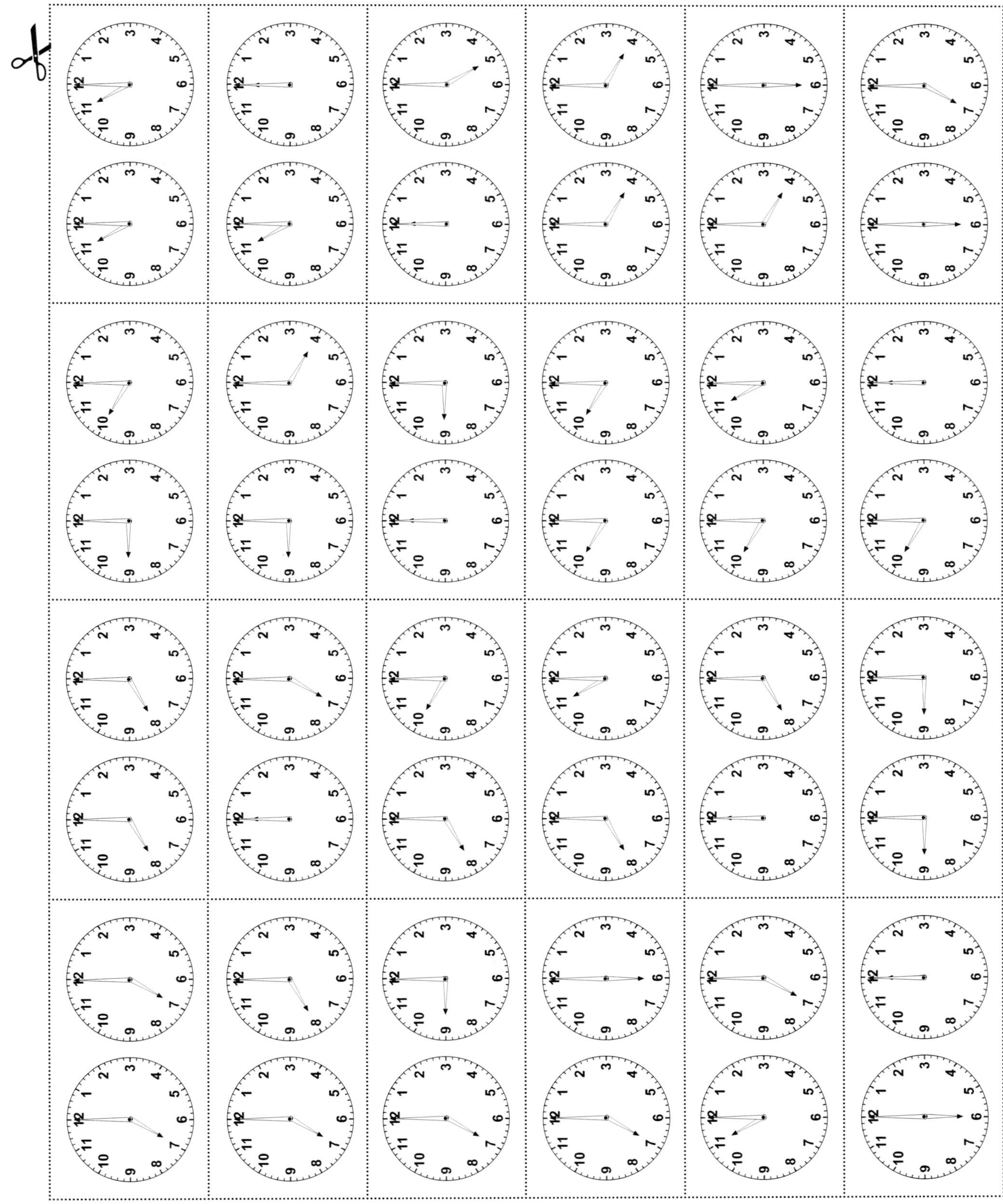



DIE UHR KENNEN LERNEN
Der Uhrzeittrainer – Bestell-Nr. 11 508
KOHL VERLAG

## Zeitsterne

**Aufgabe 24:**

*Zerschneide den Zeitstern und bringe ihn anschließend wieder in die richtige Reihenfolge.*

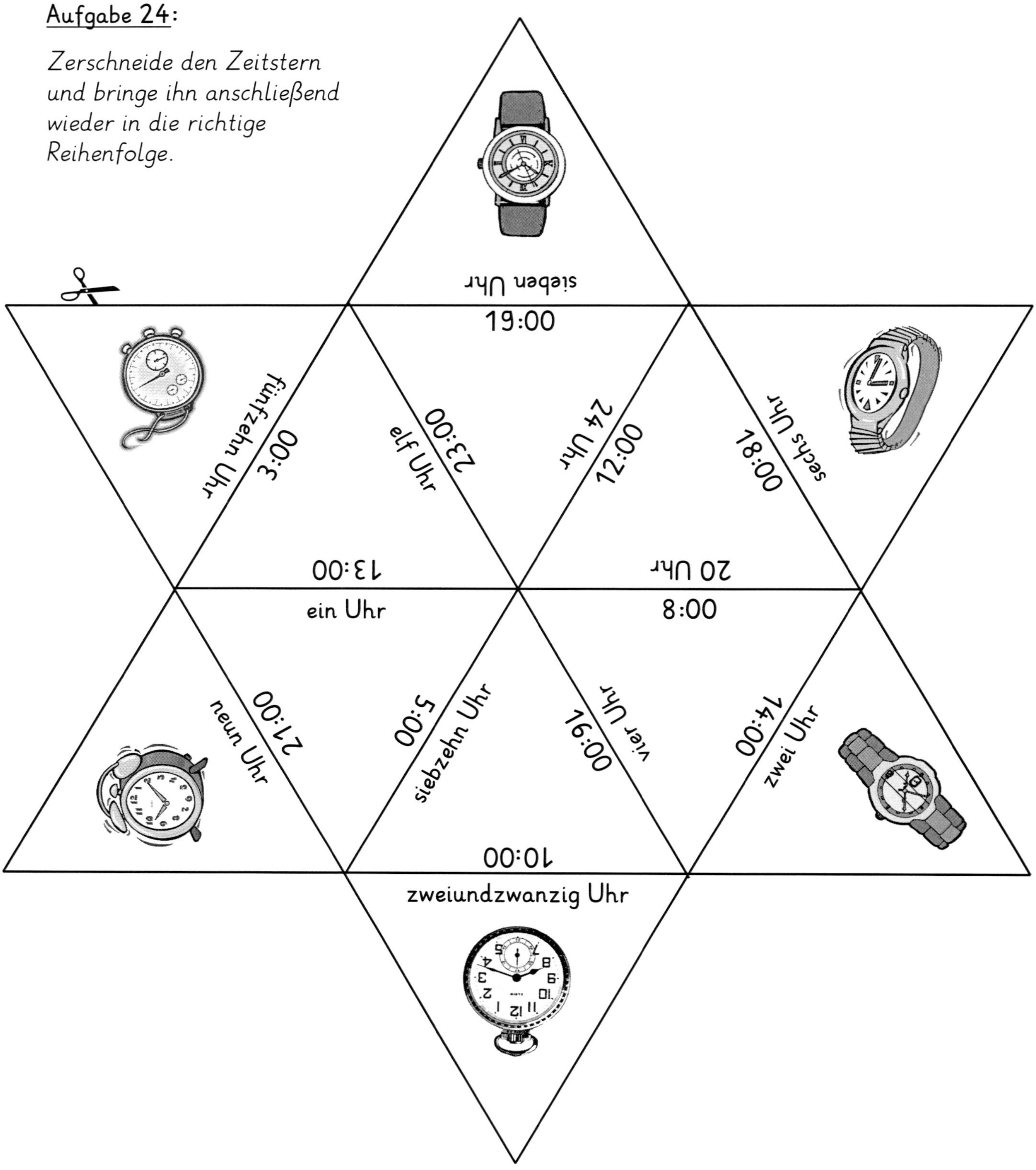

Aufgabe 25:

*Zerschneide den Zeitstern und bringe ihn anschließend wieder in die richtige Reihenfolge.*

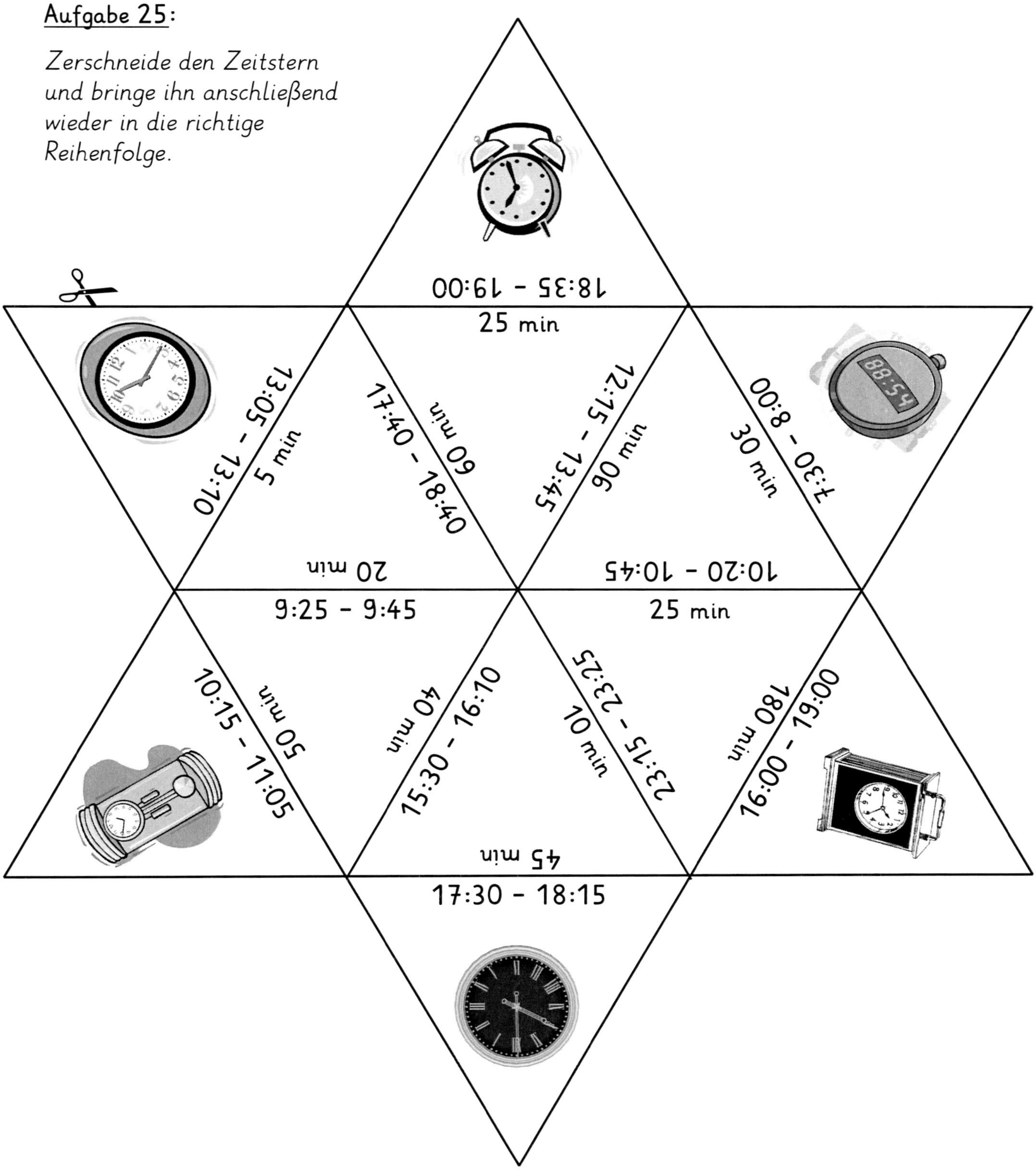

# Zeispannen

## Es ist ...

**Aufgabe 1:** *Trage die fehlenden Uhrzeiten und Zeitspannen ein.*

a)

**Jetzt ist es 8:30 Uhr.**

- In 15 Minuten ist es ________________ Uhr.
- In 35 Minuten ist es ________________ Uhr.
- Vor 5 Minuten war es ________________ Uhr.
- Vor 7 Stunden war es ________________ Uhr.
- Vor 8 Stunden und 15 Minuten war es ________________ Uhr.

b)

20:00 Uhr —[ + ]→ 21:00 Uhr

3:10 Uhr —[ + ]→ 5:20 Uhr

7:50 Uhr —[ + ]→ 16:00 Uhr

11:15 Uhr —[ + ]→ 13:30 Uhr

2:20 Uhr —[ + ]→ 15:00 Uhr

c)

**Jetzt ist es 20:00 Uhr.**

- In einer Dreiviertelstunde ist es ________________ Uhr.
- Vor 6 Stunden war es ________________ Uhr.
- In einer halben Stunde ist es ________________ Uhr.
- Vor 50 Minuten war es ________________ Uhr.
- Vor 8 Stunden und 15 Minuten war es ________________ Uhr.

# Sachaufgaben

**Aufgabe 2:** *Lies die Sätze genau durch. Schreibe jeweils Frage, Rechnung und Antwort.*

a) Der Supermarkt Ratzfatz hat heute von 7:30 bis 21:00 Uhr geöffnet.

Frage: ______________________________

Rechnung: ______________________________

Antwort: ______________________________

b) Der Zeichentrickfilm hat um 15:05 Uhr begonnen und dauert 15 Minuten.

Frage: ______________________________

Rechnung: ______________________________

Antwort: ______________________________

c) Lias Schulweg dauert 20 Minuten. Ihre Schule beginnt jeden Morgen um 7:45 Uhr.

Frage: ______________________________

Rechnung: ______________________________

Antwort: ______________________________

# Zeitspannen berechnen

**Aufgabe 3:** *Berechne die Zeitspanne.*

a) 8:45 bis 9:50 Uhr = ☐ min
b) 2:05 bis 4:03 Uhr = ☐ min
c) 16:03 bis 20:20 Uhr = ☐ min
d) 22:40 bis 0:01 Uhr = ☐ min
e) 23:38 bis 02:15 Uhr = ☐ min
f) 5:10 bis 10:55 Uhr = ☐ min

**Aufgabe 4:** *Gib die Uhrzeiten an.*

a) 45 min bis 8:30 Uhr. Es ist ☐ Uhr.
b) 5 min bis 13:07 Uhr. Es ist ☐ Uhr.
c) 11 min bis 21:10 Uhr. Es ist ☐ Uhr.
d) 42 min bis 10:20 Uhr. Es ist ☐ Uhr.
e) 35 min bis 13:40 Uhr. Es ist ☐ Uhr.
f) 8 min bis 19:34 Uhr. Es ist ☐ Uhr.

**Aufgabe 5:** *So sieht Nicos Stundenplan aus:*

| Zeit | Montag | Dienstag | Mittwoch | Donnerstag | Freitag |
|---|---|---|---|---|---|
| 7:55 - 8:40 | Deutsch | Mathematik | Religion | Mathematik | Sport |
| 8:40 - 9:25 | Deutsch | Mathematik | Religion | Deutsch | Sport |
| 9:45 - 10:30 | HuS | HuS | Englisch | Deutsch | Mathematik |
| 10:30 - 11:15 | Mathematik | HuS | Deutsch | HuS | Deutsch |
| 11:35 - 12:20 | Kunst | Deutsch | | TW | |
| 12:20 - 13:05 | Kunst | Englisch | | TW | |

a) Wie viele Minuten hat Nico in der Woche Unterricht? ________ min
b) Wie viele Stunden hat Nico pro Woche Mathematik? ________ h
c) Wie viele Minuten hat Nico Pause pro Woche? ________ min
d) Wie viele Minuten dauern Nico Lieblingsfächer (Sport & Englisch) in der Woche? ________ min
e) Betrachte deinen eigenen Stundenplan und berechne, wie viele Stunden/Minuten du in der Woche Unterricht hast.

# 8 Mit der Zeit rechnen

**Aufgabe 1:** *Berechne die Aufgaben.*

a) *Rechne um.*

| Sekunden | |
|---|---|
| 5 min | |
| 1 min 30 s | |
| 10 min | |
| 2 min 5 s | |
| 3 min | |

| Minuten und Sekunden | |
|---|---|
| 90 s | |
| 120 s | |
| 210 s | |
| 320 s | |
| 70 s | |

| Stunden und Minuten | |
|---|---|
| 120 min | |
| 1 Tag | |
| 240 min | |
| 70 min | |
| 2 Tage | |

b) *Ergänze ...*

1. 25 min + _____ min = 1 h
2. 33 min + _____ min = 1 h
3. 51 min + _____ min = 1 h
4. 14 min + _____ min = 1 h
5. 16:05 Uhr + ______ min = 17:00 Uhr
6. 9:15 Uhr + ______ min = 10:02 Uhr
7. 8:00 Uhr + ______ min = 9:25 Uhr
8. 7:14 Uhr + ______ min = 8:07 Uhr

c) *Welche Aussage ist richtig? Kreuze an.* X Richtig

1. ☐ 1 Stunde hat 24 Minuten.
2. ☐ 15 Sekunden sind 900 Minuten.
3. ☐ 15 Minuten sind 900 Sekunden.
4. ☐ Von 3 Uhr bis Viertel vor 7 sind 3 Stunden und 45 Minuten vergangen.
5. ☐ 1 Tag hat 144 Minuten.
6. ☐ 60 Minuten sind 3600 Sekunden.

KOHL VERLAG DIE UHR KENNEN LERNEN Der Uhrzeittrainer – Bestell-Nr. 11 508

**Aufgabe 2:** *Welche Aussage ist richtig? Kreuze an.* ☒ Richtig

1. ☐ Die Sportschau dauert von 20:16 bis 20:48 Uhr. Das sind 32 Minuten.
2. ☐ Das Kinoprogramm dauert von 15:30 bis 17:10 Uhr. Das sind 2 Stunden 40 Minuten.
3. ☐ Eine Fahrt mit der Geisterbahn dauert von 13:12 bis 13:15. Das sind 180 Sekunden.
4. ☐ Eine Schulstunde beginnt um 7:50 Uhr und dauert 45 Minuten. Sie endet um 8:35 Uhr.
5. ☐ Eine Reitstunde dauert 1 Stunde und 20 Minuten, sie endet um 20:00 Uhr. Begonnen hat sie um 21:20 Uhr.
6. ☐ Die Zugfahrt von Köln nach Hamburg dauert von 9:45 bis 14:15. Das sind 4 Stunden 30 Minuten.

**Aufgabe 3:** *Ergänze die fehlenden Fahrzeiten.*

| Haltestelle | Abfahrtszeit |
|---|---|
| Hauptstraße | 7:03 Uhr |
| | ↓ ☐ min Fahrzeit |
| Rathaus | 7:05 Uhr |
| | ↓ ☐ min Fahrzeit |
| Am Hirschen | 7:16 Uhr |
| | ↓ ☐ min Fahrzeit |
| Bahnhoff | 7:29 Uhr |
| | ↓ ☐ min Fahrzeit |
| Sonne | 7:43 Uhr |
| | 17 min |
| Schule | ☐ Uhr |

**Aufgabe 4:** *Lies die Sätze genau durch. Schreibe jeweils Frage, Rechnung und Antwort.*

a)

Ein Fußballspiel dauert 90 Minuten. Hinzu kommen noch 15 Minuten Pause. Das Spiel endet um 18:35 Uhr.

Frage: ______________________________

Rechnung: ______________________________

Antwort: ______________________________

b)

Julia und Maria laufen einen 1000-Meter-Lauf. Julia läuft die Strecke in 5 Minuten 8 Sekunden Maria ist 30 Sekunden schneller.

Frage: ______________________________

Rechnung: ______________________________

Antwort: ______________________________

c)

Finja braucht zu ihrer Freundin 12 Minuten zu Fuß. Mit dem Fahrrad ist sie 8 Minuten und 13 Sekunden schneller.

Frage: ______________________________

Rechnung: ______________________________

Antwort: ______________________________

KOHL VERLAG DIE UHR KENNEN LERNEN Der Uhrzeittrainer – Bestell-Nr. 11 508

# 9 Mit Stunden, Minuten und Sekunden rechnen

60 Minuten = 1 Stunde
60 min = 1 h

eine halbe Stunde
30 min = ½ h

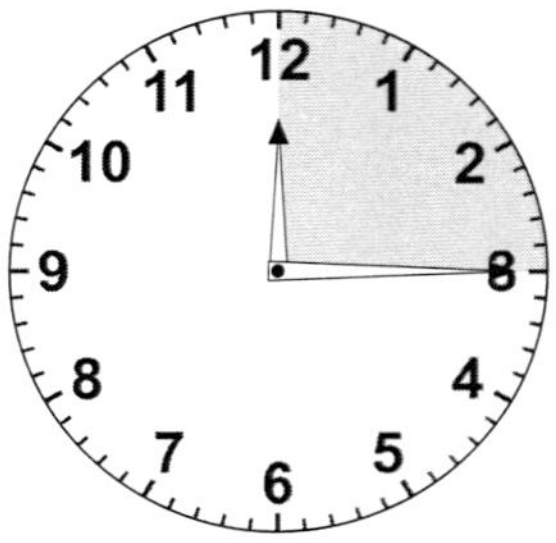

eine viertel Stunde
15 min = ¼ h

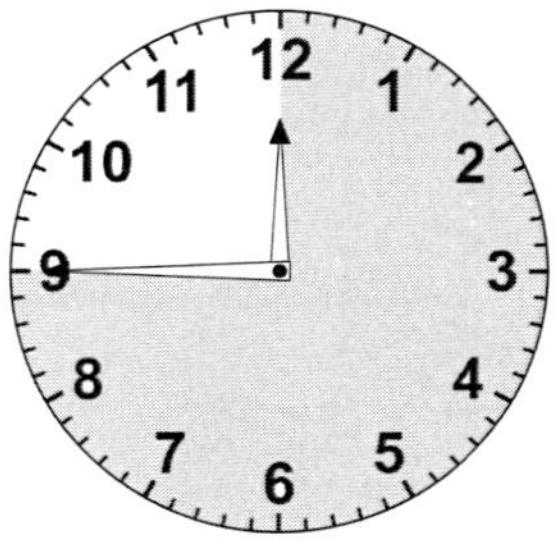

eine dreiviertel Stunde
45 min = ¾ h

**Aufgabe 1:** *Rechne um.*

a)

1. 175 min = ____________
2. 153 min = ____________
3. 73 min = ____________
4. 256 min = ____________
5. 69 min = ____________
6. 125 min = ____________

b)

1. 1 min = ____________
2. 6 min 14 sek = ____________
3. 3 min 49 sek = ____________
4. 1 min 48 sek = ____________
5. 9 min 34 sek = ____________
6. 7 min 27 sek = ____________

**Aufgabe 2:** *Ergänze.*

a)

1. 48 sek + ____________ = 1 min
2. 24 sek + ____________ = 1 min
3. 35 sek + ____________ = 1 min
4. 15 sek + ____________ = 1 min
5. 55 sek + ____________ = 1 min
6. 42 sek + ____________ = 1 min

b)

1. 8 min + ____________ = 1 h
2. 34 min + ____________ = 1 h
3. 15 min + ____________ = 1 h
4. 41 min + ____________ = 1 h
5. 29 min + ____________ = 1 h
6. 37 min + ____________ = 1 h

**Aufgabe 3:** *Wie viele Minuten fehlen bis zur nächsten Stunde?*

a) 16:45 Uhr = ____ min   c) 2:34 Uhr = ____ min   e) 0:15 Uhr = ____ min

b) 4:02 Uhr = ____ min   d) 21:58 Uhr = ____ min   f) 13:24 Uhr = ____ min

g) Viertel vor vier = ____ min   j) zehn nach zwei = ____ min

h) fünf nach fünf = ____ min   k) fünf vor elf = ____ min

i) dreizehn vor neun = ____ min   l) zwanzig nach zwölf = ____ min

**Aufgabe 4:** *Ergänze.*

a)

1. 26 sek + __________ = 1 min 13 sek
2. 5 sek + __________ = 2 min 15 sek
3. 58 sek + __________ = 5 min 45 sek
4. 1 h 1 min + __________ = 3 min 20 sek
5. 4 h 45 min + __________ = 5 h
6. 2 h 8 min + __________ = 3 h

b)

1. 5 h + __________ = 1 Tag
2. 17 h + __________ = 1 Tag
3. 10 h 45 min + __________ = 1 Tag
4. 4 min + __________ = 1 Tag
5. 6 h 23 min + __________ = 1 Tag
6. 3 h 43 min + __________ = 1 Tag

c)

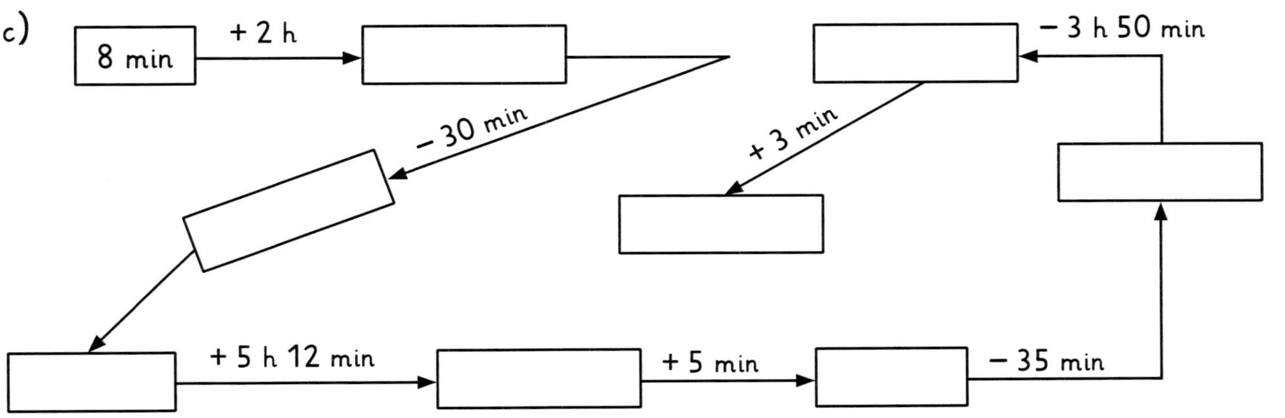


KOHL VERLAG
DIE UHR KENNEN LERNEN
Der Uhrzeittrainer – Bestell-Nr. 11 508

# 10 Sachaufgaben

## Am Flughafen

**Aufgabe 1:** *Lies die Sätze genau durch. Schreibe jeweils Frage, Rechnung und Antwort.*

a) Das Flugzeug von Dubai landete um 18:50 Uhr. Es ist um 11:40 Uhr gestartet.

Frage: ______________________________

Rechnung: ______________________________

Antwort: ______________________________

b) Das Flugzeug von Hamburg startet um 6:50 Uhr. Es landet nach 58 min.

Frage: ______________________________

Rechnung: ______________________________

Antwort: ______________________________

c) Das Flugzeug von Hongkong startete um 13:43 Uhr und landete um 0:28 Uhr.

Frage: ______________________________

Rechnung: ______________________________

Antwort: ______________________________

# Im Musical

**Aufgabe 2:** *Die Theatergruppe der Anne-Frank-Grundschule führt verschiedene Musicals auf. Berechne die fehlenden Angaben in der Tabelle.*

| Musical | Beginn | Dauer | Ende |
|---|---|---|---|
| Sterntaler | 10:15 Uhr | | 13:00 Uhr |
| König der Löwen | 9:50 Uhr | 3 h 15 min | |
| Tarzan | | 2 h 55 min | 15:20 Uhr |
| Starlight Express | 8:35 Uhr | 2 h | |
| Cats | 9:50 Uhr | | 11:05 Uhr |
| Lillifee | 10:50 Uhr | 3 h 5 min | |

**Aufgabe 3:** *Vervollständige die Tabellen.*

a)

| 3 h 50 min | 30 min | 3 h 2 min | 1 h 15 min | | | |
|---|---|---|---|---|---|---|
| | | | | 362 min | 124 min | 365 min |

b)

| 163 sek | 228 sek | 315 sek | 541 sek | | | |
|---|---|---|---|---|---|---|
| | | | | 7 min | 14 min 50 sek | 8 min 60 sek |

c)

| 327 sek | 7 h 5 min | 4 h 59 min | 159 min | | | |
|---|---|---|---|---|---|---|
| | | | | 15 min | 23 min 30 sek | 14 min 1 sek |

KOHL VERLAG DIE UHR KENNEN LERNEN Der Uhrzeittrainer – Bestell-Nr. 11 508

# Im Zug ...

**Aufgabe 4:** *Ergänze die fehlenden Ankunfts-, Abfahrts- oder Fahrzeiten.*

| Zug-Fahrplan | | |
|---|---|---|
| Offenburg | ab | 16:34 |
| Freiburg | | 17:33 |
| Bad Krotzingen | | 17:51 |
| Müllheim | | 18:02 |
| Bad Bellingen | | 18:13 |
| Weil am Rhein | | 18:35 |
| Basel | an | 18:40 |

| Strecke | Abfahrt | Fahrzeit | Ankunft |
|---|---|---|---|
| Offenburg - Müllheim | | | |
| Offenburg - Weil am Rhein | | | |
| Freiburg - Bad Bellingen | | | |
| Offenburg - Basel | | | |
| Bad Krotzingen - Weil am Rhein | | | |
| Müllheim - Basel | | | |
| Bad Bellingen - Weil am Rhein | | | |

a) Antwort: ______________________________________________ .

b) Antwort: ______________________________________________ .

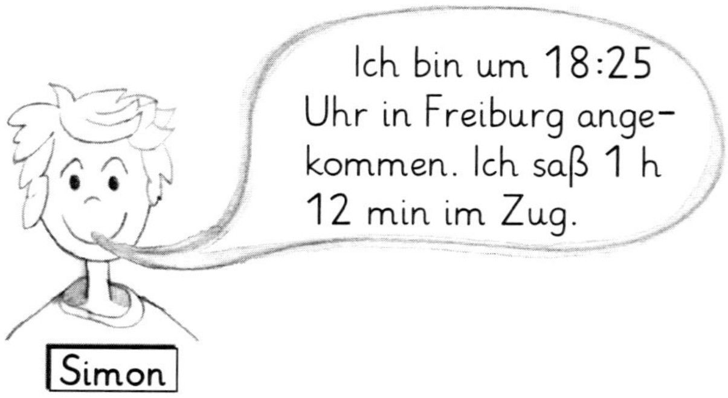

c) Antwort: ______________________________________________ .

d) Antwort: ______________________________________________ .

# 11 Die Lösungen

**2**

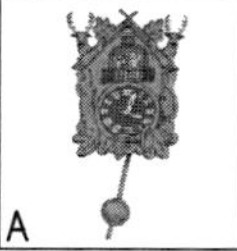

Kuckucksuhr

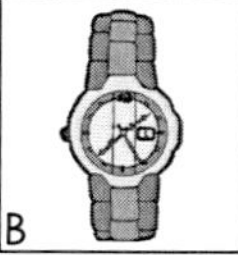

Armbanduhr

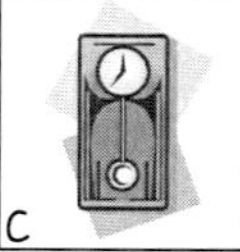

Pendeluhr

Taschenuhr

Standuhr

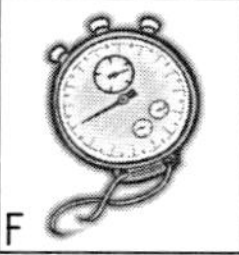

Stoppuhr

Wecker

Radiowecker

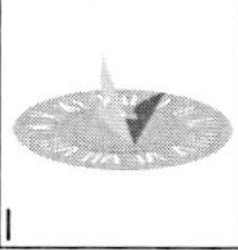

Sonnenuhr

Turmuhr

Eieruhr

Sanduhr

**3**

## Die Uhr

Die Uhr zeigt dir die ___Zeit___ an. Die großen Striche helfen dir, die **A** ___Stunden___ abzulesen. Die Zahlen lassen dich schneller die Zeit erkennen. Ist eine **B** ___Stunde___ vorbei, ist der **C** ___kleine Zeiger___ auf die nächste Ziffer gewandert. Die kleinen ___Striche___ zeigen dir die **D** ___Minuten___ an. Ist eine Minute vorbei, springt der **E** ___große Zeiger___ einen ___Strich___ weiter. Das macht er ___60x___, dann ist er an der gleichen Stelle wieder angelangt und eine Stunde ist vorbei.

**A** Stunden

**B** Stunde

**C** kleiner Zeiger

**D** Minuten

**E** großer Zeiger

**5**

Aufgabe 1:

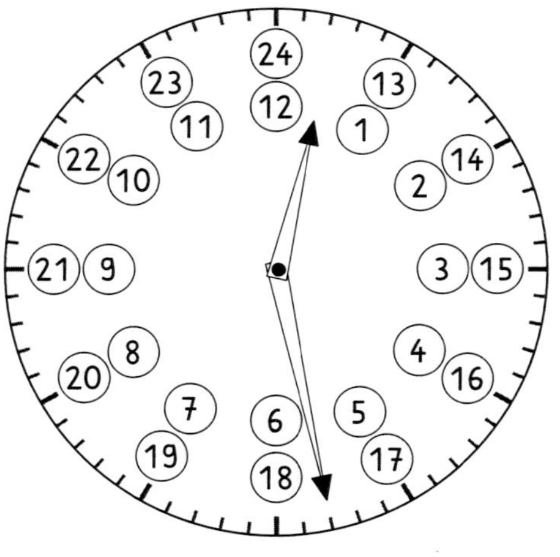


Aufgabe 2:

a) 1:00 / 13:00
b) 9:00 / 21:00
c) 5:00 / 17:00
d) 3:00 / 15:00
e) 12:00 / 24:00
f) 7:00 / 19:00

Aufgabe 3: a) 7:30 / 19:30; b) 6:50 / 18:50; c) 9:25 / 21:25; d) 3:00 / 15:00; e) 2:10 / 14:10; f) 4:05 / 16:05; g) 7:00 / 19:00; h) 9:05 / 21:05; i) 6:35 / 18:35; j) 8:10 / 20:10; k) 7:40 / 19:40; l) 6:00 / 18:00;

m) 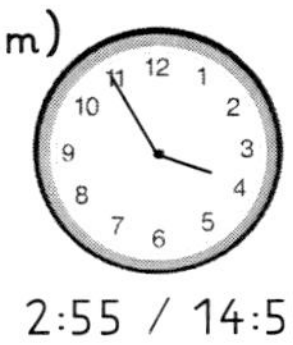

2:55 / 14:55

n) 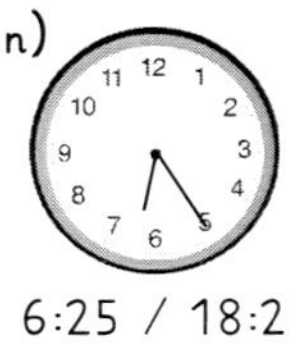

6:25 / 18:25

o) 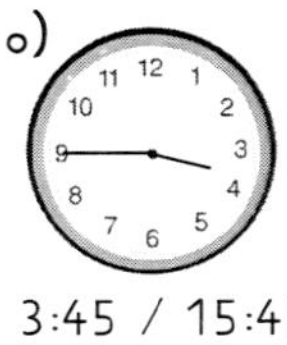

3:45 / 15:45

p) 

11:00 / 23:00

q) 

4:30 / 16:30

r) 

0:35 / 12:35

s) 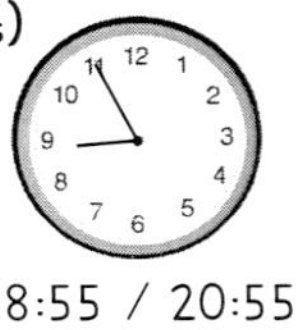

8:55 / 20:55

t) 

11:15 / 23:15

# 11 Die Lösungen

**5**

Aufgabe 4:

| | | |
|---|---|---|
|  | 2:00 | zwei Uhr |
| | 14:00 | vierzehn Uhr |
|  | 4:00 | vier Uhr |
| | 16:00 | sechzehn Uhr |
|  | 4:45 | Viertel vor fünf |
| | 16:45 | |
|  | 7:30 | halb acht |
| | 19:30 | |
|  | 9:00 | neun Uhr |
| | 21:00 | einundzwanzig Uhr |
|  | 9:15 | Viertel nach neun |
| | 21:15 | |
|  | 11:45 | Viertel vor zwölf |
| | 23:45 | |

**6**

Aufgabe 1: Von links nach rechts:
- Es ist **1** Uhr.
- Es ist **4** Uhr.
- Es ist **8** Uhr.
- Es ist **7** Uhr.
- Es ist **12** Uhr.
- Es ist **9** Uhr.

Aufgabe 3: Von links nach rechts: 7:30 / 19:30 / halb 8; 5:30 / 17:30 / halb 6; 11:30 / 23:30 / halb 12
10:30 / 22/30 / halb 11; 3:30 / 15:30 / halb 4; 12:30 / 0:30 / halb 1

Aufgabe 5:

a) Montag: 5 Stunden
Dienstag: 8 Stunden
Mittwoch: 0 Stunden
Donnerstag: 5 Stunden
Freitag: 3 Stunden
Samstag: 2 Stunden

Montag: 10 Stunden
Dienstag: 0 Stunden
Mittwoch: 4,5 Stunden
Donnerstag: 4,5 Stunden
Freitag: 4,5 Stunden
Samstag: 4,5 Stunden
Sonntag: 6 Stunden

b) individuelle Lösungen

Aufgabe 6: Von links nach rechts: 12:15 / 0:15 / Viertel nach 12; 5:45 / 17:45 / Viertel vor 6;
7:15 / 19:15 / Viertel nach 7; 3:45 / 15:45 / Viertel vor 4;
1:45 / 13:45 / Viertel vor 2; 5:15 / 17:15 / Viertel nach 5

Aufgabe 7: Von links nach rechts: 9:09 / 21:09; 4:35 / 16:35; 7:53 / 19:53
1:40 / 13:40; 12:27 / 0:27; 3:22 / 15:22
10:29 / 22:29; 9:36 / 21:36

Aufgabe 8: a) + 50 min; b) + 25 min; c) + 34 min; d) + 13 min; e) + 42 min;
f) + 38 min; g) + 11 min; h) + 54 min; i) + 35 min; j) + 31 min;

Aufgabe 10: a) 7 Stunden; b) 5 Stunden; c) 2 Stunden
d) 2 Stunden; e) 6 Stunden; f) 3 Stunden

Aufgabe 11: a) 30 Minuten; b) 45 Minuten; c) 15 Minuten
d) 15 Minuten; e) 45 Minuten; f) 35 Minuten

## 6

**Aufgabe 12:** a) 53 sek; b) 12 sek; c) 24 sek; d) 59 sek; e) 5 sek; f) 56 sek;
g) 37 sek; h) 26 sek; i) 15 sek; j) 46 sek

**Aufgabe 13:**

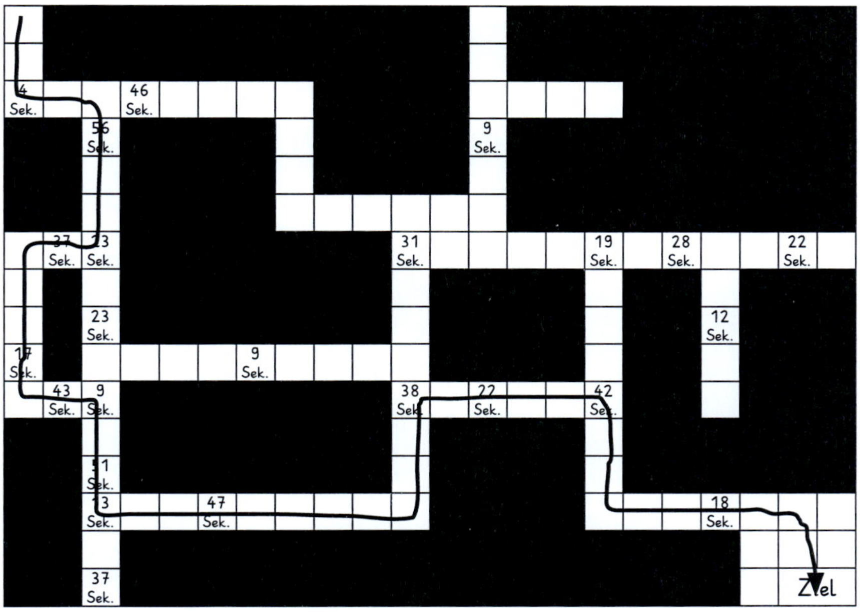

**Aufgabe 14:**

| | | | | | | |
|---|---|---|---|---|---|---|
| [1] 3 | 1 | [2] 7 | ■ | [3] 2 | 3 | [4] 1 |
| 5 | ■ | [5] 2 | 0 | 0 | ■ | 0 |
| [6] 8 | [7] 1 | 0 | ■ | [8] 2 | [9] 1 | 1 |
| ■ | 1 | ■ | ■ | ■ | 3 | ■ |
| [10] 4 | 1 | [11] 2 | ■ | [12] 1 | 7 | [13] 3 |
| 0 | ■ | [14] 1 | 2 | 4 | ■ | 0 |
| [15] 3 | 3 | 3 | ■ | [16] 8 | 0 | 9 |

| Waagerecht | Senkrecht |
|---|---|
| 1. 5 h 17 min = 317 | 1. 5 h 58 min = 358 |
| 3. 3 h 51 min = 231 | 2. 12 h = 720 |
| 5. 3 h 20 min = 200 | 3. 3 h 22 min = 202 |
| 6. 13 h 30 min = 810 | 4. 1 h 41 min = 101 |
| 8. 3 h 31 min = 211 | 7. 1 h 51 min = 111 |
| 10. 6 h 52 min = 412 | 9. 2 h 17 min = 137 |
| 12. 2 h 53 min = 173 | 10. 6 h 43 min = 403 |
| 14. 2 h 4 min = 124 | 11. 3 h 33 min = 213 |
| 15. 5 h 33 min = 333 | 12. 2 h 28 min = 148 |
| 16. 13 h 29 min = 809 | 13. 5 h 9 min = 309 |

**Aufgabe 15:** individuelle Lösungen

**Aufgabe 16:**

a)

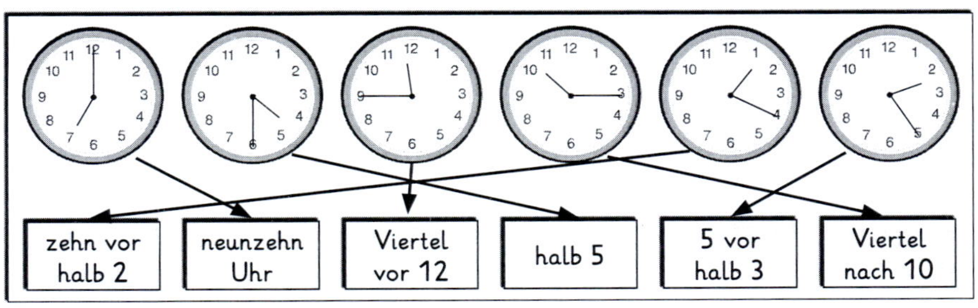


b)

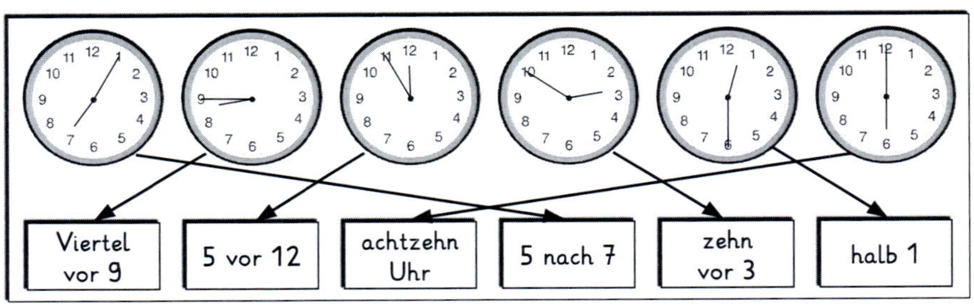


DIE UHR KENNEN LERNEN – Der Uhrzeittrainer – Bestell-Nr. 11 508
KOHL VERLAG

6

**Aufgabe 17:**

a)

| 9:30 | 11:15 | 4:05 | 7:20 | 3:50 | 11:00 |
|---|---|---|---|---|---|
| 21:30 | 23:15 | 16:05 | 19:20 | 15:15 | 23:00 |

b)

| 8:15 | 4:10 | 0:20 | 10:10 | 2:20 | 7:15 |
|---|---|---|---|---|---|
| 20:15 | 16:10 | 12:20 | 22:10 | 14:20 | 19:15 |

**Aufgabe 18:** Zusammengehörende Gruppen:

11:55 Uhr - 5 vor 12 - 23:55 Uhr
2:40 Uhr - 20 vor 3 - 14:40 Uhr
18:35 Uhr - 5 nach halb 7 - 6:35 Uhr
7:45 - 19:45 - Viertel vor 8
23:20 Uhr - 20 nach 11

**Aufgabe 19:**

| analoge Uhrzeit | digitale Uhrzeit | Wir sagen .... |
|---|---|---|
|  | 1:00<br>13:00 | ein Uhr |
|  | 1:10<br>13:10 | zehn nach eins |
|  | 1:14<br>13:14 | 14 Minuten nach eins |
|  | 1:30<br>13:30 | halb zwei |
|  | 1:45<br>13:45 | Viertel vor zwei |
|  | 1:55<br>13:55 | fünf (Minuten) vor zwei |

**Aufgabe 22:**

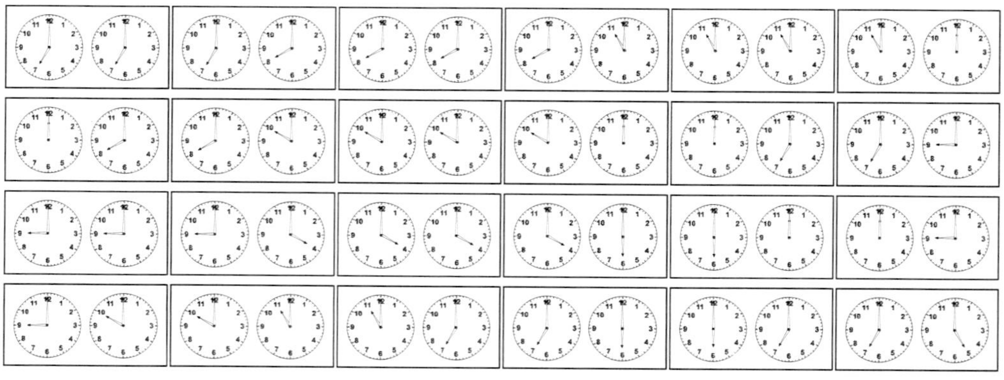

# 11 Die Lösungen

## 6

Aufgabe 24:

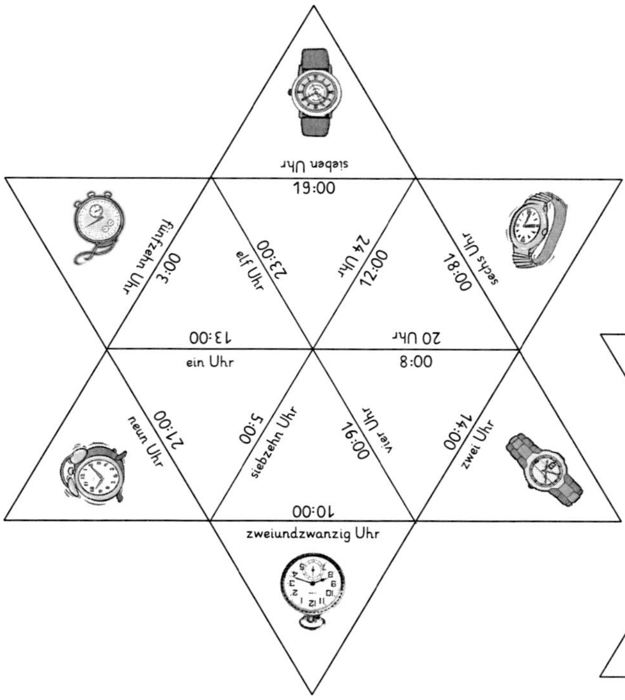


Aufgabe 25:

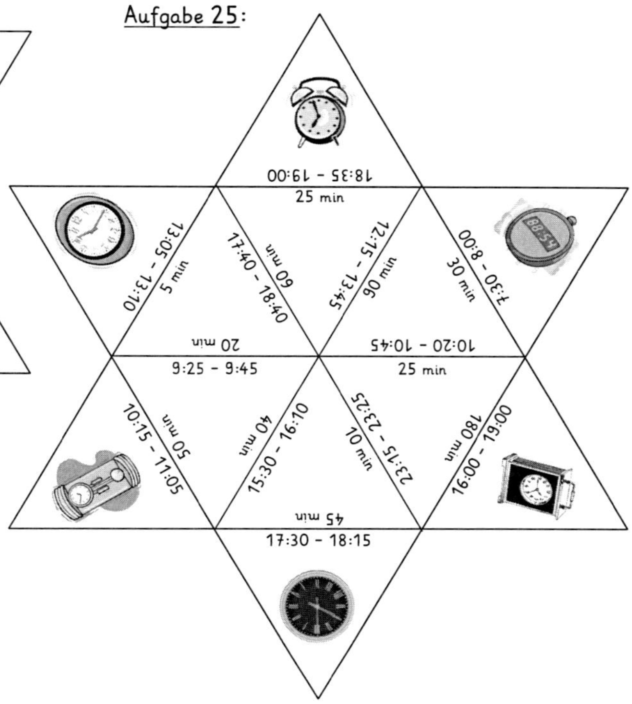


## 7

Aufgabe 1:

a)
- In 15 Minuten ist es **8:45** Uhr.
- In 35 Minuten ist es **9:05** Uhr.
- Vor 5 Minuten war es **8:25** Uhr.
- Vor 7 Stunden war es **1:30** Uhr.
- Vor 8 Stunden und 15 Minuten war es **0:15** Uhr.

b)
20:00 Uhr **+ 1 h** = 21:00 Uhr
3:10 Uhr **+ 2 h 10 min** = 5:20 Uhr
7:50 Uhr **+ 10 min** = 16:00 Uhr
11:15 Uhr **+ 2 h 15 min** = 13:30 Uhr
2:20 Uhr **+ 12 h 40 min** = 15 Uhr

c)
- In einer Dreiviertelstunde ist es **20:15** Uhr.
- Vor 6 Stunden war es **14:00** Uhr.
- In einer halben Stunde ist es **20:30** Uhr.
- Vor 50 Minuten war es **19:10** Uhr.
- Vor 8 Stunden und 15 Minuten war es **11:45** Uhr.

Aufgabe 2:

a)
Frage: Wie lange hat der Supermarkt geöffnet?
Rechnung: 7:30 + 13 h 30 min = 21:00
Antwort: Der Supermarkt hat 13 h und 30 min geöffnet.

b)
Frage: Wann endet der Film?
Rechnung: 15:05 + 15 min = 15:20 Uhr
Antwort: Der Film endet um 15:20 Uhr.

c)
Frage: Wann muss Lia losgehen?
Rechnung: 7:25 + 20 min = 7:45 Uhr
Antwort: Lia muss um 7:25 Uhr zu Hause los.

# 11 Die Lösungen

**7**

Aufgabe 3: a) 65 min; b) 118 min; c) 257 min; d) 81 min; e) 137 min; f) 345 min

Aufgabe 4: a) 7:45 Uhr; b) 13:02 Uhr; c) 20:59 Uhr; d) 9:38 Uhr; e) 13:05 Uhr; f) 19:26 Uhr

Aufgabe 5: a) 360 min; b) 5 h; c) 40 min; d) 180 min; e) individuelle Lösungen

**8**

Aufgabe 1: a)

| Sekunden | |
|---|---|
| 5 min | 300 sek |
| 1 min 30 s | 90 sek |
| 10 min | 600 sek |
| 2 min 5 s | 125 sek |
| 3 min | 180 sek |

| Minuten und Sekunden | |
|---|---|
| 90 s | 1 min 30 sek |
| 120 s | 2 min |
| 210 s | 3 min 30 sek |
| 320 s | 5 min 20 sek |
| 70 s | 1 min 10 sek |

| Stunden und Minuten | |
|---|---|
| 120 min | 2 h |
| 1 Tag | 24 h |
| 240 min | 4 h |
| 70 min | 1 h 10 min |
| 2 Tage | 48 h |

b) 1. 35 min; 2. 27 min; 3. 9 min; 4. 46 min
5. 55 min; 6. 47 min; 7. 85 min; 8. 53 min

c) Richtige Aussagen: 3., 4., 6.

Aufgabe 2: Richtige Aussagen: 1., 3., 4., 6.

Aufgabe 3:

| Haltestelle | Abfahrtszeit |
|---|---|
| Hauptstraße | 7:03 Uhr |
| | ↓ 2 min Fahrzeit |
| Rathaus | 7:05 Uhr |
| | ↓ 11 min Fahrzeit |
| Am Hirschen | 7:16 Uhr |
| | ↓ 13 min Fahrzeit |
| Bahnhoff | 7:29 Uhr |
| | ↓ 14 min Fahrzeit |
| Sonne | 7:43 Uhr |
| | 17 min |
| Schule | 8:00 Uhr |

Aufgabe 4:

a) Frage: Wann beginnt das Spiel?
Rechnung: 16:50 Uhr + 90 min = 18:20 + 15 min = 18:35
Antwort: Das Spiel beginnt um 16:50 Uhr.

b) Frage: Wie schnell läuft Maria?
Rechnung: 5 min 8 sek – 30 sek = 4 min 38 sek
Antwort: Maria ist den 1000-Meter-Lauf in 4 min 38 sek gerannt.

c) Frage: Wie schnell ist sie mit dem Fahrrad?
Rechnung: 12 min – 8 min 13 sek = 3 min 47 sek
Antwort: Finja braucht 3 min 45 sek mit dem Fahrrad.

## 9

**Aufgabe 1:**

a) 1. 2 h 55 sek; 2. 2 h 33 sek; 3. 1 h 13 sek; 4. 4 h 16 sek; 5. 1 h 9 sek; 6. 2 h 5 min

b) 1. 60 sek; 2. 374 sek; 3. 229 sek; 4. 108 sek; 5. 574 sek; 6. 447 sek

**Aufgabe 2:**

a) 1. 12 sek; 2. 36 sek; 3. 25 sek; 4. 59 sek; 5. 5 sek; 6. 18 sek

b) 1. 52 min; 2. 26 min; 3. 45 min; 4. 19 min; 5. 31 min; 6. 23 min

**Aufgabe 3:**

a) 15; b) 58; c) 26; d) 2; e) 45; f) 36; g) 15; h) 55;
i) 13; j) 50; k) 5; l) 40

**Aufgabe 4:**

a) 1. 47 sek; 2. 2 min 10 sek; 3. 4 min 47 sek; 4. 2 h 19 min; 5. 15 min; 6. 52 min

b) 1. 19 h; 2. 7 h; 3. 13 h 15 min; 4. 23 h 56 min; 5. 17 h 37 min; 6. 20 h 17 min

c)

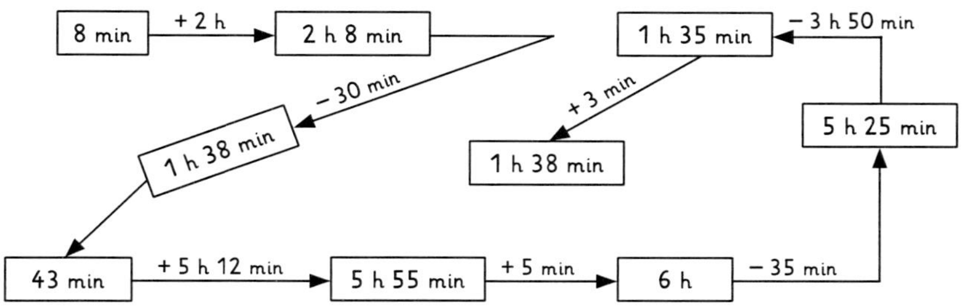


## 10

**Aufgabe 1:**

a) Frage: Wie lange dauert der Flug?
Rechnung: 11:40 + 7 h 10 min = 18:50 Uhr
Antwort: Der Flug dauert 7 h 10 min.

b) Frage: Wann landet das Flugzeug?
Rechnung: 6:50 + 58 min = 7:48 Uhr
Antwort: Das Flugzeug landet um 7:48 Uhr.

c) Frage: Wie lange dauert der Flug?
Rechnung: 13:43 + 10 h 45 min = 0:28 Uhr
Antwort: Der Flug dauert 10 h und 45 min.

**Aufgabe 2:**

| Musical | Beginn | Dauer | Ende |
|---|---|---|---|
| Sterntaler | 10:15 Uhr | 2 h 45 min | 13:00 Uhr |
| König der Löwen | 9:50 Uhr | 3 h 15 min | 13:05 Uhr |
| Tarzan | 12:25 Uhr | 2 h 55 min | 15:20 Uhr |
| Starlight Express | 8:35 Uhr | 2 h | 10:35 Uhr |
| Cats | 9:50 Uhr | 1 h 15 min | 11:05 Uhr |
| Lillifee | 10:50 Uhr | 3 h 5 min | 13:55 Uhr |

**Aufgabe 3:**

a)

| 3 h 50 min | 30 min | 3 h 2 min | 1 h 15 min | 6 h 2 min | 2 h 4 min | 6 h 5 min |
|---|---|---|---|---|---|---|
| 230 min | 30 min | 182 min | 75 min | 362 min | 124 min | 365 min |

b)

| 163 sek | 228 sek | 315 sek | 541 sek | 420 sek | 890 sek | 540 sek |
|---|---|---|---|---|---|---|
| 2 min 43 sek | 3 min 48 sek | 5 min 15 sek | 9 min 15 sek | 7 min | 14 min 50 sek | 8 min 60 sek |

c)

| 327 sek | 7 h 5 min | 4 h 59 min | 159 min | 900 sek | 1410 sek | 841 sek |
|---|---|---|---|---|---|---|
| 5 min 27 sek | 425 min | 299 min | 2 h 39 min | 15 min | 23 min 30 sek | 14 min 1 sek |

# 11 Die Lösungen

**10** <u>Aufgabe 4</u>:

| Zug-Fahrplan | |
|---|---|
| Offenburg | ab 16:34 |
| Freiburg | 17:33 |
| Bad Krotzingen | 17:51 |
| Müllheim | 18:02 |
| Bad Bellingen | 18:13 |
| Weil am Rhein | 18:35 |
| Basel | an 18:40 |

| Strecke | Abfahrt | Fahrzeit | Ankunft |
|---|---|---|---|
| Offenburg - Müllheim | 16:34 | 28 min | 18:00 |
| Offenburg - Weil am Rhein | 16:34 | 2 h 1 min | 18:35 |
| Freiburg - Bad Bellingen | 17:33 | 40 min | 18:13 |
| Offenburg - Basel | 16:34 | 2 h 6 min | 18:40 |
| Bad Krotzingen - Weil am Rhein | 17:51 | 44 min | 18:35 |
| Müllheim - Basel | 18:02 | 38 min | 18:40 |
| Bad Bellingen - Weil am Rhein | 18:13 | 27 min | 18:35 |

a) Oskar ist in Müllheim ausgestiegen.
b) Sarah ist in Müllheim eingestiegen.
c) Simon ist in Offenburg eingestiegen.
d) Lena ist in Basel ausgestiegen.